Tobraichean Sòlais

Tobraichean Sòlais
Murchadh Caimbeul

Wells of Joy
Murdoch Campbell

GAELIC RELIGIOUS POEMS
WITH TRANSLATIONS BY KENNETH MACDONALD
AND NOTES BY DAVID CAMPBELL

Covenanters Press

Covenanters Press
an imprint of
Zeticula Ltd
The Roan,
Kilkerran,
KA19 8LS,
Scotland.

http://www.covenanters.co.uk
admin@covenanters.co.uk

First published 2013

Text © David Campbell 2013

Front Cover painting of Resolis Free Church and Manse © Donald M. Shearer 2013

Back Cover painting of Arran Cave © James Kay 2013

ISBN 978-1-905022-32-8

All rights reserved. No part of this publication may be reproduced, stored in a retrieval system or transmitted, in any form or by any means, without the prior written permission of the publisher, nor be otherwise circulated in any form or binding or cover other than that in which it is published and without a similar condition being imposed on the subsequent publisher.

… oir is e an Tighearna Iehòbhah mo neart agus mo cheòl …
An sin tàirngidh sibh uisge le aoibhneas à tobraichean na slàinte.

(Isaiah 12: 2-3)

"The LORD is my strength and my song"…
With joy you will draw water from the wells of salvation.

(Isaiah 12: 2-3, NIV)

Biodh na cinnich aoibhneach, agus dèanadh iad luathghaire, oir bheir thusa breith air na slòigh ann an ceartas, agus riaghlaidh tu na cinnich air an talamh.

(Salm 67: 4)

O let the nations be glad and sing for joy: for thou shalt judge the people righteously, and govern the nations upon earth.

(Psalm 67: 4, AV)

Airson Evie agus Molly

For Evie and Molly

Am ministear òg
The young minister

Clàr-Innse Contents

Ro-ràdh	1
Preface	4
Facal bhon Eadar-theangair	6
A Word from the Translator	10
Àm Mo Chiad Ghràidh	14
The Time of My First Love	16
Air an Turas Dhachaigh	19
On the Journey Home	20
Ghràdhaich Crìosd an Eaglais	22
Christ Loved the Church	25
Cumha do Chalum Moireasdan	28
Elegy for Malcolm Morrison	31
Am Prionnsapal Iain MacLeoid nach Maireann	34
Elegy for Principal MacLeod	36
How Beautiful upon the Mountains ...	40
Nach Maiseach ...	41
Jehovah Shalome	42
Iehòbhah-Salom	43
When Tossed on Waves ...	44
Fo Thonnan Garbh	45
Tha Gaineamh Tìm ri Lùghdachadh	46
The Sands of Time Are Sinking	48
Bean na Bainnse a' Dol Dhachaigh	50
The Bride Going Home	52

Geàrr-Iomradh air a Bheatha	55
Biographical Sketch	60
Seirbheis Ghàidhlig	64
Gaelic Service	75
Breithneachadh	86
An Appreciation	90
Mar Chuimhneachan air an Urramach Murchadh Caimbeul nach Maireann, Ministear na h-Eaglaise Saoire an Ruigh Sholais	94
Elegy for Rev Murdoch Campbell, Minister of Resolis Free Church	98
Taing	102
Acknowledgements	103

Dealbhan Illustrations

Am ministear òg
The young minister — viii

Màiri Fhriseal
Mary Fraser, later Campbell — 13

A nighean, Anna Jack
Daughter Anne — 18

Còmhla ri a nighean, Màiri NicMhaoilein
With daughter Mary — 21

Còmhla ri a chiad ogha, Alison Jack
With first grandchild Alison — 27

Calum Moireasdan agus a nighean Màiri Beileag
Malcolm Morrison with daughter Marybell — 33

Am Prionnsapal Iain MacLeòid D.D.
Principal John MacLeod D.D. — 38

Mansa na h-Eaglaise Saoire an Ruigh Sholais
Resolis Free Church Manse — 39

Srath Pheofhair mu 1950
Strathpeffer *circa* 1950 — 54

Dàibhidh Caimbeul mu 1980
David Campbell *circa* 1980 — 59

A' Bhean-phòsta Chaimbeul
Mrs Campbell with collie — 63

Na Mhodaràtair
Moderator — 85

A' Bhean-phòsta Chaimbeul mu 1980
Mrs Campbell *circa* 1980 — 93

A' Bhean-phòsta Ailios NicLeòid
Mrs Alice MacLeod — 97

Ro-ràdh

Cha b' ann ach ainmig a bhiodh Murchadh Caimbeul a' sgrìobhadh na chainnt mhàthaireil, a' Ghàidhlig – tha a' chuid mhòr de dh'obair a làimhe anns a' Bheurla. Am measg nan còig-deug de leabhraichean is leabhrain a sgrìobh e tha *Gleanings of Highland Harvest*, *The Loveliest Story Ever Told*, *From Grace to Glory*, *In All Their Affliction* agus *Memories of a Wayfaring Man*. Chaidh cuid dhiubh sin eadar-theangachadh – dhan chànan Dhùitseach, mar bu trice – agus tha feadhainn fhathast an clò. Dh'fhoillsich e àireamh bheag de dhàin Ghàidhlig ann am *Mìosachan na h-Eaglaise Saoire*, agus tha iad sin gan toirt am follais an seo, le eadar-theangachaidhean Beurla, is fios cuin a nochd iad ma tha sin air sgeul. 'S dòcha gun robh feadhainn eile ann. Tha am 'Facal bhon Eadar-theangair' aig Coinneach Dòmhnallach a' dèanamh beagan meòrachaidh orra mar litreachas. Chan eil an cruinneachadh seo ach beag, ach tha e brìoghmhor – chan ann tric san là a th' ann a tha bàrdachd spioradail sa Ghàidhlig a' nochdadh. Còmhla riu sin tha trì dàin a sgrìobh e sa Bheurla, le eadar-theangachaidhean Gàidhlig ('Nach Maiseach …', 'Iehòbhah-Salom' agus 'Fo Thonnan Garbh'), dàn Gàidhlig a rinneadh mar chuimhneachan air leis a' Bh.-phòsta Ailios NicLeòid, agus Seirbheis Ghàidhlig a chaidh a chraoladh leis.

Bha e na bhall dhen Eaglais Shaoir bho bha e beagan is fichead bliadhna. Chaidh an eaglais seo a shuidheachadh an 1843 le daoine a bha a' cur an aghaidh pàtronachd an Eaglais na h-Alba, agus mar sin bha i 'Saor' anns an t-seagh gun robh i a' cumail a-mach gum bu chòir làn-shaorsa a bhith eadhon aig Eaglais Stàite ann an cùisean creideimh, is taghadh chlèireach an lùib sin. Ged a bha i a' cumail gu daingeann ri bunaitean eachdraidheil an t-Soisgeil, cha robh i a' feuchainn ri grèim teann a chumail air cogais dhaoine a thaobh an caitheamh-beatha. Fad iomadh bliadhna, b' i prìomh eaglais na sgìre an iomadh ceàrn de dh'Alba, gu sònraichte air Ghàidhealtachd, agus shuidhich i sgoiltean a bha saor is an-asgaidh anns gach paraiste, mus deach foghlam stàite coitcheann a chur air bhonn.

Bidh luchd-fiosaics a' mìneachadh rudan a chì sinn no as aithne dhuinn, leithid chraobhan no chathraichean, le bhith cuimseachadh air rudan nach fhaic sinn idir, mar na meanbhphàirtean atomach a th' annta. Tha an t-eòlas againn mus ruig mìneachadh dhen t-seòrsa sin oirnn. Anns an aon dòigh, tha creideamh a' bualadh air ar fiosrachadh, le tarraing, eagal, earbsa, is mar sin; chan eil e uile-gu-lèir an crochadh air siostam teagaisg a bhith a' lìonadh ar n-inntinn, agus cha mhò na sin a tha e mar leum a thoirt a-steach dhan dorchadas gun stiùireadh idir. Chan eil beatha a' chreideimh idir mar rannsachadh a dhèanadh luchd-eòlaidheachd, ach na beatha ann an da-rìribh, iomchaidh do dhaoine, agus air uairean gu math duilich. Ann am fiosrachadh 's an tuigse m' athar, tha gràs air nach urrainn dhut ruighinn le rannsachadh no strì gad thoirt gu cùram, agus tha an sgàthan a' sealltainn dhut neach a tha fo dhìteadh a' cheartais. Ach a' taiceachadh air buaidh na h-ìobairt a th' ann am bàs Chrìosd, tha thu air do dhèanamh rèidh ri Dia, ga ghràdhachadh mar a ghràdhaich esan thusa, gun chùmhnantan, agus a' gràdhachadh do 'choimhearsnaich' mar thu fhèin.

Fuaighte ris a' cho-ionannachd seo tha saorsa bho gheur-leanmhainn. Gu dearbh, chan urrainn dhan chomannachd obrachadh gun earbsa a bhith againn ann an càch-a-chèile, a tha an crochadh air a bhith dèiligeadh ri chèile gu ceart. Cuideachd, rinneadh an 'lagh' seo 'airson an duine', rud a tha gad shaoradh an dà chuid bho dhol ro fhada mach is o mhiann chumhang a thaobh do bhuannachd fhèin. Tha 'tionndaidh an giall eile' gad shaoradh bho shìor agradh 'sùil airson sùla'. Agus tha co-ionannachd a' freagairt air saorsa thu fhèin a thoirt air adhart, chan ann air do sgàth fhèin, ach mar ghràs a tha acasan a chuireas ceartas agus dìon muinntir eile air thoiseach. A bharrachd air sin, ann a bhith frithealadh feuman chàich feumar a bhith cruthachail – rud a tha na ghnè saorsa ann fhèin, dìreach mar a bhios neach-poilitigs a' dealbh phoileasaidhean is a' cur ionnsaighean ùra gu dol seach dìreach a bhith na fhear gun chumhachd.

Aig toiseach gnothaich, bha e nam rùn mi fhìn a chumail am falach, gus leigeil le obair m' athar a guth fhèin a sheirm. 'S dòcha gum bu chòir dhomh a bhith air cumail ris a' chiad smuain sin, ach thàinig e thugam gum biodh beagan iomraidh air a bheatha na mheadhan soilleireachaidh, agus mar sin tha geàrr-chunntas ga thoirt air eachdraidh a chuairt. Aig an aon àm, bha e mar dhùbhlan orm, mar mhac mo phàrantan, ceangailte riu gun a bhith co-ionann riu, beagan a ràdh mun dòigh anns a bheil sgrìobhaidhean m' athar a' bualadh orm. Thug sin mi gu 'Breithneachadh' a tha a' bualadh, chan ann air an aodhaire dhleastanach, air an t-searmonaiche dheas-bhriathrach, air an ùghdar mheasail no air an athair ghràdhach, ach air mar a làimhsich e cuid dhe na cuspairean a thog mi an seo, leithid cainnt chràbhach, fìrinn san diadhachd, agus an ceangal eadar creideamh is moraltachd. Tha mi bàidheil gus gum bi mi cothromach, chan ann airson aomadh ri taobh seach taobh. Tha a chuid dhàn a' toirt oirnn a bhith feuchainn ri bhith tuigsinn cheistean mu na cuspairean sin (chan eil mu ghràs Dhè, a tha 'thar gach uile eòlais') gun leth-bhreith no ro-mheasadh. Gidheadh, chan urrainn fianais neo-eisimeileach gu bheil Dia ann ann an da-rìribh a bhith ann air an stèidhichear freagairtean staoine, nas mò na dh'fhaodar dearbhadh gu bheil an saoghal air a bheil sinn mothachail ann ann an da-rìribh. Mar sin, chan urrainn dhut a bhith diadhaidh gun Dia fhèin a bhith a' lìonadh na h-iarmailt, no a bhith beò ann an dòigh chunntachail gun saorsa. Chan eil dol às bho theannachadh an t-suidheachaidh anns a bheil an dà bheachd sin gar fàgail.

Daibhidh Mhurchaidh Alasdair
Srath Chura, Earra-Ghàidheal, Alba

Preface

Murdoch Campbell wrote mostly in English, seldom in his native Gaelic. The fifteen books and pamphlets that he wrote include *Gleanings of Highland Harvest*, *The Loveliest Story Ever Told*, *From Grace to Glory*, *In All Their Affliction* and *Memories of a Wayfaring Man*. Some are translated, mostly into Dutch, and some are still in print. He published a few Gaelic poems in *The Monthly Record* of the Free Church of Scotland, and these are reprinted here together with their translations into English, and dates where available; there may have been others. Kenneth MacDonald's 'A Word from the Translator' looks at their literary qualities. Any publication of Gaelic religious poetry is now a rare event, and this small but meaningful collection also includes three English poems by Murdoch Campbell translated into Gaelic ('How Beautiful upon the Mountains ...', 'Jehovah Shalome' and 'When Tossed on Waves ... '), a Gaelic elegy for him by Mrs Alice MacLeod, and a Gaelic Service he broadcast.

He was a member of the Free Church from his early twenties. This denomination was formed in 1843 in protest against patronage in the Church of Scotland, and so is 'Free' in the sense of insisting that even a State Church should have complete liberty in matters of faith, including choice of its own clergy. Though doctrinally conservative, it is also liberal in not being paternalistic or interfering, but instead fosters a live-and-let-live ethic. For many years it was in effect the parish church in Scotland, particularly the Highlands, developing the system of free schools in every parish which became the basis of state education.

Physicists explain things we experience or perceive, such as trees and chairs, by things we do not perceive (or not directly) such as subatomic particles. Experience is felt before it is explained; faith similarly rests on felt admiration, fear, trust and so on, not on a controlling grasp of doctrine or its opposite, a credulous leap in the dark. The life of faith is not simply a cultural phenomenon but a real existence, proper to a human being, and not all roses. For my father, grace beyond your capacity for analysis or striving brings you to felt concern, and the mirror discloses one who is justly accused. Yet pleading Christ's atoning death, you are reconciled with God, return His unconditional love, and love your 'neighbour' as yourself.

Such equality implies freedom from oppression. Indeed society cannot function without trust, which depends on treating each other justly. Also this 'law' is 'made for man', so liberating you from both extremism and narrow self-interest. 'Turning the other cheek' frees you from the cycle of 'an eye for an eye'. And equality is consistent with liberty of self-development, not as self-regarding, but as a grace of those who put justice and protection for others first. Further, meeting others' need requires creativity, itself a kind of freedom, just as a politician for instance who is not simply a puppet devises policies and initiates change.

I began with the intention of staying out of sight, the better to display my father's work. Perhaps I should have trusted this first instinct, but on reflection I felt that a résumé of his life might provide helpful background. The *Biographical Sketch* is an attempt to meet this need. At the same time, however, I was challenged to respond as bound up with my parents but not simply a copy. The result is an *Appreciation*, not of the devoted pastor, eloquent preacher, cherished author or loving father but of his approach, often between the lines, to questions like the above concerning the meaning of religious talk, the nature of religious knowledge, and the relation between religion and morality. I am sympathetic in order to be fair, not to take sides. These poems require us to try and understand such questions (not God's grace, which is 'beyond understanding') free from bias or prejudgement. Yet there can be no independent evidence that God is real on which to base pat answers, any more than that the world we perceive is real. Given that you cannot be responsible without such freedom or religious without God as your horizon, tension between these standpoints seems inescapable.

David Campbell
Strachur, Argyll, Scotland

Facal bhon Eadar-theangair

Bhuineadh an t-Urramach Murchadh Caimbeul do theaghlach air an robh tàlantan mòra a' ruith a thaobh litreachais, an dà chuid an Gàidhlig 's am Beurla. Dh'fhàg a dhithis bhràithrean, Aonghas, 'Am Puilean' (1903-82), agus Aonghas, 'Am Bocsair' (1908-49), dìleab shuaicheanta às an dèidh, an dà chuid am bàrdachd 's an rosg, agus tha dithis mhac a' Bhocsair, Tormod agus Alasdair, am measg nan sgrìobhaichean Gàidhlig as gèire 's as ealanta a tha beò an-diugh. A thaobh Mhaighstir Mhurchaidh fhèin, b' ann sa Bheurla a bu trice a bhiodh e a' cur peann ri pàipear, agus tha meas is iarraidh fhathast, fad' is farsaing, air a chuid leabhraichean Beurla airson a' bhlàiths is a' bheathachaidh spioradail a tha ri fhaotainn annta. Bhiodh e a' cleachdadh na Gàidhlig (cho math ris a' Bheurla) na chuid searmonachaidh, agus bha spiorad na bàrdachd a' beirmeadh ann san dà chànain. Tha an leabhar seo a' toirt cruinn na fhuaireadh air mhaireann dhe na sgrìobh e sa Ghàidhlig, agus beagan sa Bheurla.

Chan eil againn ach an aon searmoin choileanta a liubhair e sa Ghàidhlig – an t-searmoin a chaidh a chraoladh air rèidio a' bhliadhna a bha e na Mhodaràtair air Ard-Sheanadh na h-Eaglaise Saoire. 'S dòcha nach eil modh-labhairt eile ann a tha a' call urad ri searmoin an uair a tha i ga fàgail reòthte air an duilleig, oir tha a buaidh gu mòr an crochadh, chan ann a-mhàin air briathran an duine fhèin, ach cuideachd air dùil is dùrachd is ùrnaighean an luchd-èisteachd air an latha, agus, thar gach nì eile, air a' chuideachadh a tha an teachdaire talmhaidh a' faighinn bhon Spiorad Naomh gus a smuaintean 's a bhriathran a chàradh ri inntinn is cridhe is cogais buill a' choitheanail. Agus a thaobh searmoin air rèidio, tha tomhas teann ga dhèanamh air an ùine. Air a shon sin, lorgaidh sinn san t-searmoin seo cho dlùth 's cho daingeann 's a bha an ceangal eadar an Caimbeulach agus Crìosd, am Fear-saoraidh, agus cho teò-chridheach 's a bha a dhùrachd gun lorgadh daoine eile 'an neamhnaid luachmhor' a fhuair e fhèin.

'S dòcha gur ann san dòrlach de dhàin spioradail a dh'fhàg e againn as dlùithe tha sinn a' tighinn air cridhe is spiorad an duine. Tha cuid dhiubh sin nan luinneagan-gaoil, a' moladh gràdh an Fhir-shuirghe Nèamhaidh a choisinn cridhe is anam an sgrìobhaiche gu earbsa a chur ann an Crìosd, agus a dhùisg ann an gràdh a bha aige bho sin a-mach dhan Fhear-shaoraidh fhèin agus do gach anam eile ann an teaghlach a' chreideimh. Tha e a' dèanamh luaidh air mar a thàinig am beothachadh sin thuige ann an 'Àm Mo Chiad Ghràidh' – an t-saighead bho Dhia a lot e 's a shlànaich e; an t-sìth a thàinig air anam ann an dearbhachd na slàinte; an tlachd a bh' aige ann an co-chomann a cho-chreidmheach; agus an dòchas diongmhalta a bh' aige a bhith nan cuideachd gu sìorraidh, aig deireadh a thurais, mar luchd com-pàirt de dh'oighreachd nan naomh ann an rìoghachd an t-solais. Aig toiseach is deireadh an òrain, tha an soisgeulaiche cho math ris an t-searmonaiche a' tighinn am follais, is e a' cur ìmpidh air daoine a tha fhathast an taobh a-muigh de chomann a' chreideimh an gràdh slàinteil seo a shireadh dhaibh fhèin. Tha na h-aon smuaintean air an snìomh gu làidir anns an òran 'Air an Turas Dhachaigh'. Ged a tha tarraing dha anns an eilean fhèin – na raoin, na glinn, na bàigh 's 'na tuinn tha mire gach oidhch' air do thràigh' – 's e as motha a tha cur cianalais air cuideachd Chrìosdail nan daoine a b' àbhaist a bhith a' tàmh ann, na daoine a bhiodh 'a' labhairt gu saor mun ghaol a choisinn an treud'. Ged a tha an ginealach sin air a dhol às an t-sealladh, tha fios aige 'gun coinnich sinn shuas san Dùthaich tha buan agus naomh'.

Tha modh an t-searmonaiche a' tighinn am follais nas làidire anns an dàn 'Ghràdhaich Crìosd an Eaglais', briathran air an togail bho *Litir nan Ephèsianach* 5: 25: 'Fheara, gràdhaichibh bhur mnathan fèin, eadhon mar a ghràdhaich Crìosd an eaglais, agus a thug se e fèin air a son.' Tha am bàrd a' togail an t-samhla air an Eaglais mar chèile, no bean-phòsta, Chrìosd, agus a' meòrachadh air meud is cosgais a' ghràidh a nochd Dia ann an Crìosd do pheacaich neo-airidh ann a bhith ag ullachadh slàinte shìorraidh dhaibh. Tha an gràdh seo air a fhreumhachadh ann an rùintean Dhè bho shìorraidheachd – 'Do chèile, fhuair Thu 'n cùmhnant i / Mun robh na saoghail ann' – agus air a chur an gnìomh ann an ìsleachadh Chrìosd na thighinn anns an fheòil a phàigheadh prìs a slàinte air a' chrann, 'le dhuibhre 's uabhasan'. Air stèidh na h-ìobairt sin, bidh an Eaglais air a gleidheadh gus an ruig i àite an aoibhneis 'aig bòrd na bainnse shuas'.

Tha an dàn seo na dheagh eisimpleir air mar a tha cothlamadh dlùth de shamhlaidhean is bhriathran a' Bhìobaill ga fhighe a-steach dhan an rannaigheachd. A thuilleadh air na Soisgeil fhèin, tha am bàrd a' cleachdadh shreathan thall 's a-bhos a bheireadh gu cuimhne luchd-èisteachd no luchd-leughaidh a bha eòlach anns na Sgriobtairean iomadh earrainn anns an t-Seann Tiomnadh agus an Tiomnadh Nuadh. Cha ruigear a leas ruith a thoirt orra air fad, ach chithear, mar eisimpleir, mar a tha an rann a tha a' tòiseachadh 'Nuair ghabh Thu seachad dlùth oirre,/'S i sgaoilt' sa mhachair fhuar' air a stèidheachadh air *Fàidheadaireachd Esèciel*, an 16mh caibideil agus an t-6mh earrainn. B' e pàirt dhen an tarraing a bha agus a tha anns an t-seòrsa bàrdachd seo do Chrìosdaidhean gun cluinnear guth a' Bhìobaill ann am briathran a' bhàird.

Tha trì cumhachan anns a' chruinneachadh bheag seo – aon dhan Phrionnsapal Iain MacLeòid, a bh' air ceann Colaiste na h-Eaglaise Saoire bho 1927 gu 1943; aon do Chalum Moireasdan à Sgalpaigh na Hearadh; agus aon do Mhurchadh Caimbeul fhèin. Thàinig am marbhrann soisgeulach gu ìre sa Ghàidhlig san dàrna leth dhen ochdamh linn deug, agus chaidh cuid dhe na h-eisimpleirean as tràithe fhoillseachadh anns a' chruinneachadh a chuir Eòin Ròs an clò an Inbhir Nis sa bhliadhna 1851. Thàinig cinneachadh mòr air a' ghnàthas seo anns an naodhamh linn deug agus san fhicheadamh linn, agus 's dòcha nach eil an sruth fhathast air tiormachadh buileach. Bhiodh na seann bhàird a' dèanamh mharbhrannan gaisgeil do na cinn-chinnidh, a' moladh maise am pearsa, an tapachd air chùl airm, fialaidheachd agus fearas-chuideachd an dachaighean, uaisle agus gaisge nan daoine bhon tàinig iad. Tha na marbhrannan soisgeulach a' gleidheadh tomhas dhen t-seann stoidhle, ach 's e cuspair am molaidh, is iad mar as trice a' cuimhneachadh air cinn-iùil a' chreideimh, an obair a rinn Dia ann an anam an duine, agus a' bhuaidh a bh' aig a chomhairle, a shearmonachadh agus eisimpleir air daoine eile. Is e fir mar as trice a bhathar a' cuimhneachadh sna marbhrannan soisgeulach an toiseach (ged a rinneadh fear do Sheònaid Fhriseal, 'bean àraid a bh' ann an Cùl-daothal', tràth san naodhamh linn deug), ach ri ùine thàinig barrachd bhoireannach am follais an dà chuid mar chuspairean is mar ùghdair. Mar sin, tha e glè iomchaidh gum biodh am marbhrann blàth a rinn Ailios NicLeòid do Mhurchadh Caimbeul a' nochdadh ri taobh a chuid bàrdachd fhèin.

Tha na dàin Ghàidhlig aig Murchadh Caimbeul a' nochdadh gun robh seann nòs na bàrdachd Ghàidhlig a' tighinn thuige gu furasta. Ann an 'Àm Mo Chiad Ghràidh', mar eisimpleir, tha sinn ag aithneachadh sa bhad gu bheil sinn ann an dualchas stèidhichte na Gàidhlig: 'Nam faighinn-s' air inns' mun t-sìth bh' aig m' anam/ Is mìlseachd comann do ghràidh,/ Gun cuirinn e 'n cèill le eud gun mhaille ...'

Tha a chuid rannaigheachd siùbhlach agus loinneil, agus air a cùl tha sinn a' mothachadh inntinn gheur, cridhe blàth agus dian-dhùrachd shoisgeulach. Dùisgidh an cruinneachadh seo cuimhne chùbhraidh ann an cridhe na feadhainn a tha fhathast beò aig an robh eòlas air, agus 's dòcha gun tèid aig leughadairean ùra air deoch de dh'uisge beò òl às na 'tobraichean sòlais' air an do bhlais e fhèin, 's a bhiodh e a' sìor mholadh do chàch.

Coinneach Dòmhnallach

A Word from the Translator

The Rev. Murdoch Campbell belonged to a family of distinguished literary talent in both Gaelic and English. His two brothers, Angus, 'Am Puilean' (1903-82), and Angus, 'Am Bocsair' (1908-49), left a signal legacy in both verse and prose, and Am Bocsair's two sons, Norman and Alasdair, are among the most acute and talented of Gaelic writers at the present time. As for the Rev. Murdoch himself, it was normally in English that he put pen to paper, and his English publications are still widely sought and valued for the spiritual warmth and nourishment they convey. He used Gaelic (as well as English) in his preaching, and poetry, in both languages, sometimes welled to the surface. This book brings together what appears to have survived of his Gaelic writing, and a little in English.

We have only one sermon delivered in Gaelic, the sermon he preached in a radio broadcast the year he was Moderator of the General Assembly of the Free Church of Scotland. Possibly no spoken medium suffers so much as a sermon when frozen on the printed page, for its effect depends not only on the words of the preacher but also on the expectation, receptiveness and prayers of the congregation on the day, and, above all else, the help the earthly messenger receives from the Holy Spirit in applying his thoughts and words to the mind, heart and conscience of the hearers. And in the case of a radio sermon, there is a tight constriction of time. For all that, in this sermon we sense how close and strong was the bond between the preacher and Christ the Saviour, and how ardent was his desire that others would find the 'pearl of great price' that had come into his own possession.

Perhaps it is in the clutch of spiritual poems he has left to us that we come closest to the heart and spirit of the man. Some of these are love-lyrics, extolling the love of the Heavenly Wooer who won the heart and soul of the writer to bring him to faith in Christ, and awoke within him the love which he had thereafter both for the Saviour himself and for every other soul within the household of faith. He recalls how that quickening came to him in 'The Time of My First Love' – the arrow from God that both wounded and healed him; the peace that came to his soul through the assurance of salvation; the delight he found in the fellowship of other believers; and the firm hope he had that, at the end of his journey, he would be forever in their company as partakers of the inheritance of the saints in the kingdom of light. At both the beginning and end of this song, the evangelist as well as the preacher comes to the fore, as he pleads with those who are still outside the fellowship of believers to seek this saving love for themselves. Similar thoughts are strongly woven into the song 'On the Journey Home'. Though he feels the pull of the island itself – the fields, the glens, the bays and 'the waves that frolic each night on your shores'– what most strongly arouses nostalgia within him is the company of the Christian people who used to live there, those who would 'freely speak of the love that secured the ransomed flock'. Though that generation has disappeared from sight, he knows that 'we shall meet above in the Land that is eternal and sacred'.

The preacher's style emerges more strongly in the composition 'Christ Loved the Church', words taken from the *Letter to the Ephesians* 5: 25: 'Husbands, love your wives, even as Christ also loved the church, and gave himself for it.' The poet picks up the image of the Church as the spouse, or bride, of Christ, and reflects on the greatness and the costliness of the love which God in Christ showed to unworthy sinners in providing everlasting salvation for them. This love is rooted in God's eternal purpose –'You were joined in covenant to your spouse before the worlds were made'– and demonstrated in Christ's humiliation as he came in the flesh to pay the price of her salvation on the cross, 'with its darkness and horror'. On the basis of that sacrifice, the Church will be preserved until it reaches the place of joy 'at the marriage feast above'.

This composition provides a good example of the copious interweaving of Biblical images and phrases in the versification. The poet employs, as well as the Gospels themselves, a pervasive scattering of Biblical echoes from both Old and New Testaments which hearers or readers familiar with the Scriptures would instantly recognise. They need not all be enumerated here, but, to take one example, the stanza beginning 'When you passed close by her as she lay in the cold outdoors' paraphrases verse 6 of chapter 16 of *The Prophecy of Ezekiel*. Part of the appeal which this kind of poetry had, and still has, for Christians is that they can hear the voice of the Bible in the words of the bard.

There are three elegies in this little collection of pieces – one for Principal John MacLeod, who was head of the Free Church College from 1927 to 1943; one for Malcolm Morrison from Scalpay, Harris; and one for Murdoch Campbell himself. The evangelical elegy developed in Gaelic in the second half of the 18th century, and some of the earliest examples appear in the collection which John Rose published in Inverness in 1851. The genre became copiously prolific in the 19th and 20th centuries, and it may be that the stream has not completely dried up even yet. It was customary for the older bards to produce heroic elegies in memory of clan chiefs, extolling their personal beauty, their heroism in battle, the generosity and entertainment of their dwellings, the nobility and valour of their ancestors. The evangelical elegies retain a measure of the old style, but the focus of their praise, as they commemorate for the most part prominent religious leaders, is the work that God has done in the person's life, and the beneficial effect of his counsel, preaching and example on other people. To begin with, most of the subjects of the evangelical elegies were men (though one was composed in the early 19th century to Janet Fraser, 'a certain lady who lived in Culduthel'), but in time women came increasingly to the fore as both subjects and authors. It is therefore very appropriate that the warm elegy Alice MacLeod composed for Murdoch Campbell himself should appear alongside his own compositions.

Murdoch Campbell's compositions in Gaelic verse demonstrate that he had acquired an easy mastery of the traditional Gaelic bardic style. His verses are fluent and well-crafted, and behind them we sense a sharp mind, a warm heart and an ardent evangelicalism. This collection will awaken a fragrant memory in the hearts of those still living who knew him, and perhaps new readers will drink some living water from the 'wells of joy' which he had tasted, and which it was his tireless task to commend to others.

Kenneth MacDonald

Màiri Fhriseal
Mary Fraser, later Campbell

Am Mo Chiad Ghràidh

Air fonn "Tha Sion a' Seinn"

Nam faighinn-s' air inns' mun t-sìth bh' aig m' anam
Is mìlseachd comann do ghràidh,
Gun cuirinn e 'n cèill le eud gun mhaille
Don mheud 's tha 'n cadal a' bhàis –
O, nach dùisg sibh or suain, 's am fuaim nì ait sibh
Gur gairm gu sonas gun chrìch,
'S air slèibhtean an àigh m' Fhear-Gràidh le ghealladh
Toirt fàilt' do ur n-anam gun dìth.

Bha mis' na mo reubal, breun 's làn ceannairc,
'S mo cheum air bealach na feirg,
Ach lot Thu mo chrìdh' le saighde od bhogha,
'S mo leòn, gun ruith i gu searbh;
Ach thug mi ort sùil, 's ad ghnùis bha beatha,
'S do shùil gam amharc le truas,
'S do chluais gun do dh'aom ri glaodh mo ghearain
Is shaor Thu m' anam o 'thruaigh'.

Na mo chuimhne tha 'n oidhch' sna sheinn mi moladh,
'S mo choinnlear laiste led ghràdh:
Bha ghealach 's gach reul sna speuran tharam
Gu sèimh ag amharc gu làr,
'S an Tì chruthaich na dùil 's mi dlùth ri bhroilleach,
'S a làmh dol tharam le bàidh,
'S E cur seul' air mo chrìdh' mo shìth gun cheannaich
Nuair dhòirt E anam gu bàs.

Nuair laighinn-sa sìos aig crìoch an latha,
Mo chridhe gum fanadh na dhùisg:
Bhiodh deoch de dh'fhìon aost' cur lùths nam anam
'S toirt cainnt dom bhilean 's iad dùint';
'S ged a laigh orm sgàil, 's mo ghràdh ged dh'fhannaich,
Cha d' fhàg Thu m' anam gun treòir,
'S nuair bhriseas an là gud àros gheibh mi,
'S mo chràdh cha lean mi nas mò.

'S e do chomann mo mhiann gu sìorraidh tuilleadh
San tìr tha maiseach le glòir,
Far bheil ainglean is naoimh ri seinn 's iad cuideachd,
Gun oidhche, gun eagal 's gun leòn;
Far am faic sinn do shluagh a thriall innt' romhainn
Le lànachd aithn' air a chèil',
Far bheil tobraichean sòlais taomadh thairis
'S cuan gràidh a mhaireas gu sèimh.

Ged tha sgàilean a' bhàis an tràth s' cur geilt orm,
'S an sruth tha cabhagach, fuar,
'S an leabaidh chaol fhuar sam feum mi laighe
Gu sèid an trompaid o shuas,
Gidheadh, o do ghràdh cò 'n nàmh a sgaras
'S cò 'n làmh bheir ceannas no buaidh,
'S nuair dhùisgeas mi slàn, m' Fhear-Gràidh gum faic mi,
'S mi sàsaicht' na choslas bith-bhuan.

A nighean gun Dia, nach iarr thu aithn' air
Mun dlùthaich d' anam rid uaigh,
'S a ghille gun smaoin gum feum thu siubhal
Don àit' sam faigh thu do dhuais –
Bu mhath dhuibh le chèil' sibh fhèin thoirt thairis
Don Tì a cheannaich dhuibh sìth,
'S ma bheir sibh air sùil 's gun dùin sibh staigh ris,
A ghaol gum meal sibh gu sìor.

The Time of My First Love

If I were able to tell of the peace my soul possessed and the sweet fellowship of your love, I would express them with a passionate eagerness to those who are still in the sleep of spiritual death. O awaken from your slumber, for the sound that can bring you joy is calling you to everlasting happiness, and on the blessed uplands the Loved One extends to your soul the promise of limitless welcome.

I was a rebel, corrupt and defiant, my steps making for the defile of wrath, but you pierced my heart with arrows from your bow, and my wound bitterly bled. But I looked to you, and in your face there was life, and your eye looked on me with pity. You inclined your ear to my bewailing cry, and you delivered my soul from its wretchedness.

I recall the night when I sang praise and my lamp was made bright with your love. The moon and the stars in the heavens above me looked down serenely on the earth, and I found myself clasped to the breast of the One who had created all things, and his arm lovingly embraced me, as he confirmed in my heart that he had purchased my peace when he poured out his soul unto death.

When I would lie down at the close of the day, my heart would stay awake. A draught of the old wine would bring strength to my soul, and bring speech to my lips even when they were closed. And although shadows have overtaken me and although my love has weakened, you have never left my soul without strength; and when the day breaks, I shall arrive at your dwelling, and my pain will be gone forever.

My desire is that I be for evermore in your company in the land that is gloriously lovely, where angels and saints sing in harmony, and night, fear and pain are gone forever; where we shall see your people who have gone there ahead of us, with a complete recognition of each other; where wells of joy overflow, and a calm ocean of love ever remains.

Though the shades of death, and the swift cold current, and the narrow chill bed in which I must lie until the trumpet sounds from above, at present make me tremble, yet who is the enemy who can separate me from your love, and what arm can gain mastery or victory? When I awake in health, I shall see my Loved One, and I shall be forever satisfied to bear his likeness.

Godless young woman, seek to get to know him before your soul approaches your grave. And you, young man who gives little thought that you must depart to the place where you will receive your deserts – it were well for you both to surrender to the One who has purchased your peace. And if you look to him and close with him, you will enjoy his love forever.

A nighean, Anna Jack
Daughter Anne

Air an Turas Dhachaigh

Mo chridhe tha blàth le gràdh do dh'eilean mo rùin;
Tha fadachd is miann nam chliabh gun tig mi ort dlùth,
'S gum faic mi lem shùil do raoin, do ghleannaibh 's do bhàigh,
'S gun cluinn mi na tuinn tha mire gach oidhch' air do thràigh.

'S ann an Leòdhas mo ghaoil a dh'àraicheadh suas mi nam òig',
'S bu tric bha mo cheum air monadh 's thar fèith agus còs,
Ri buachailleachd sprèidh air machair 's ri allt agus sliabh
Gu laighe na grèin' 's gun cromadh an t-eun bha air sgiath.

Nam chuimhne gu bràth bidh a' chuideachd a ghràdhaich mi
    buan,
A labhradh gach là air cliù an Àrd-Rìgh tha shuas,
'S a lùbadh an glùin an ùrnaigh madainn is oidhch'
A' tagradh a-ghnàth gun sileadh a ghràs air ar linn.

Bu tlachdmhor an t-àm san tionaileadh aoighean le chèil',
'S iad a' labhairt gu saor mun ghaol a choisinn an treud;
'S ged b' òg mi an aois, mo chridhe bha faomadh le dèidh
Nach dealaicheadh Dia mo bheatha gu sìorraidh riu fhèin.

Air feasgar Là Dhè bu mhath leam bhith 'g èisteachd na seinn
Bha luaidh air an Tì tha dlùth air a shluagh anns gach linn;
'S ged nach leanainn an ceum nan àmhghairean geur is nan càs,
Bhiodh m' ùrnaigh ri Dia mo cheangal ri iarmad gu bràth.

'S ged chaidil an linn a bha deàlradh sna glinn ud car ùin',
Gun èirich iad slàn aig teachd Fear an Gràidh le a naoimh;
'N sin tiormaichidh Dia gach deur gu sìorraidh on gnùis,
'S an òrain bidh buan a' moladh an Uain bhios orr' dlùth.

Ged dhealaicheadh mi an tìm ri cuideachd mo ghaoil,
Gun coinnich sinn shuas san Dùthaich tha buan agus naomh:
Tha ar sùil ris an là san teich na sgàilean gu lèir,
'S am bi sinn sona gu bràth na ghràdh 's an comann a chèil'.

Am Faoilleach / January 1967

On the Journey Home

My heart warms with love for my beloved island. Within my breast there is a longing and desire to get near you, so that I can see with my eye your fields and glens and bays, and hear the waves that frolic each night on your shores.

It was in my beloved Lewis that I was reared in my youth, and many a time I walked over moorland, bog and hollow, herding cattle on machair and by stream and hill, till the sun set and the winging bird came to rest.

I shall forever remember the company I have lastingly loved, those who would speak each day of the fame of the High King above, and who would bend their knee in prayer morning and evening, constantly pleading that his grace might descend on our generation.

Delightful was the time when guests would assemble and freely speak of the love that secured the ransomed flock. And though I was young in age, my heart was bending to the desire that God would never separate my life from theirs.

On the evening of the Lord's Day I delighted to hear the singing that spoke of the One who is close to his people in every generation. And although I could not follow their steps through their conflicts and sufferings, my prayer to God was that he would forever bind me in with his own people.

And although the generation who lived in those glens for a time have now fallen asleep, they will rise redeemed when their Loved One returns with his saints. Then God will forever wipe away every tear from their faces, and they will melodiously sing a song of praise to the Lamb who is close by them.

Though for a time I have been parted from those I love, we shall meet above in the Land that is eternal and sacred. We fix our eyes on the day when all the shadows will flee, and we shall be happy forever, bound together in his love.

Còmhla ri a nighean, Màiri NicMhaoilein
With daughter Mary

Ghràdhaich Crìosd an Eaglais

Mun robh grian sna speuran
No reul a' deàlradh oidhch',
Bha taisgte staigh nad chridhe-sa
Gràdh maireannach don chloinn,
'S ged bu tlachd an Athar Thu,
Na làthair-san gach lò,
Do chrìdh' bha dèanamh gàirdeachais
Fa chomhair tàmhachd leò.

Do chèile, fhuair Thu 'n cùmhnant i
Mun robh na saoghail ann,
'S bu daor a chosg a h-anam dhut
Mun d' fhuair Thu i air làimh;
Ach mheas Thu siud mar fhaoineas,
Oir do shùil bha air an àm
San seasadh i nad fhianais
Mar a' ghrian san rìoghachd thall.

Ged b' aithne dhut o shìorraidheachd
Gach pian is truaigh' is nàir'
Bhiodh agad mura riaraicheadh
Tu ceartas Dhè na h-àit',
An nàire, chuir Thu 'n dìmeas i
Nuair a dhìrich Thu an t-sliabh
Chum d' anam thoirt mar ìobairt
Trem biodh sìth aice ri Dia.

Seadh, chunnaic Thu an stàball
Far na chàirich iad Thu maoth,
'S an gàrradh far 'm bu chràiteach Thu
'S d' fhuil bhlàth a' ruith od ghnùis;
'S an Crann le dhuibhre 's uabhasan –
Bha siud sgrìobht' san rola naomh –
'S a' charraig far na chàirich iad
Do chorp bha àillt' gun ghaoid.

Ach lasair gharg a' ghràidh ud
Bha staigh o chian nad chrìdh':
Na tuiltean cha do bhàth e,
'S am bàs cha d' chuir e dhìth;
Do dh'Ifrinn thug e dùbhlan
Chum gun saorte leat d' aon gaoil,
Oir na h-aonar b' i do chalman i,
'S bidh h-anam falaicht' ad thaobh.

Nuair ghabh Thu seachad dlùth oirre
'S i sgaoilt' sa mhachair fhuar,
'S i am fuil a h-anam' caillte,
Gun mhais', gun loinn, gun tuar,
'S ann labhair Thu gu coibhneil rith':
"Mair beò, is èirich suas,"
'S led bhilean nuair a phòg Thu i,
Thug beò i às an uaigh.

'S ann aice bhios an t-aoibhneas
Aig bòrd na bainnse shuas,
'S ro thlachdmhor bidh a h-òran,
Uile-ghlòrmhor bidh a snuadh;
'S an gràdh a choisinn iomlan i,
Na sùilean bidh e blàth,
'S i 'g amharc air an aodann ud
Os cionn clann dhaoin' thug bàrr.

Ged dh'fhàg Thu anns an fhàsach i
An àmhghair ghoirt car uair,
Do ghàirdean, nì e taice dhi
Gu ruig i 'n dachaigh shuas;
Na trioblaid tha Thu còmhla rith'
'S bheir treòir dhi fad an là,
'S nuair bheir Thu null thar Iòrdain i,
A bròn gun teich gu bràth.

Ged bheir neul à sealladh E
Aig amaibh anns an fheòil,
'S ged thiormaicheadh an sruthan ort,
Glac thugad misneach mhòr:
Aig deas-làimh Dhè tha feitheamh ort
Mòr-aoibhneas agus bàidh,
'S nuair gheibh thu steach da sheòmar,
Mar chrùn glòire bidh tu dha.

O sibhse nach d' fhuair eòlas air
'S nach èist ri guth a bhèil,
Dèanaibh cabhag 's thigibh còmhla rinn,
'S am bàs gu teann nur dèidh:
Tha làmhan fhathast sìnte ribh
'S tha iochd na chrìdh' is aoigh,
Oir am Mac ma nì thu phògadh,
Gheibh thu tròcair anns na rinn.

An t-Sultain / September 1958

Christ Loved the Church

Before there was a sun in the skies or a star shining at night, there was lodged in your heart a lasting love for your children. And though you were the Father's delight, living every day in his presence, yet your heart rejoiced at the prospect of coming to dwell with them.

You were joined in covenant to your spouse before the worlds were made, and her soul cost you dearly before you won her hand. But you considered that a trifle, because you looked to that time when she would stand before you, resplendent as the sun, in the eternal kingdom.

Though you were aware from all eternity of all the pain and suffering and shame that would be yours before you satisfied God's justice on her behalf, yet you despised the shame when you climbed the hill to offer the sacrifice that would bring her peace with God.

Yes, you saw the stable where they laid you in your infancy, and the garden where anguish wrung warm blood from your face, and the Cross with its darkness and horror —which was foretold in the sacred scroll — and the rock tomb where they placed your beautiful flawless body.

But the fierce flame of love that had always burned in your heart was not quenched by the floods nor overcome by death. It defied Hell so that your beloved might be saved, for she alone was your dear dove, and her soul will find a hiding-place in your side.

When you passed close by her as she lay in the cold outdoors, smeared in the blood of her lost soul, devoid of beauty or any winsome attraction, you spoke kindly to her and said: "Live, and rise up." You kissed her with your lips and brought her alive from the tomb.

Abundant joy will be hers at the marriage feast above; her song will be rapturous and her appearance altogether glorious. And the love that has totally captivated her will be warm in her eyes, as she gazes on that face that is lovelier than all the children of men.

Although you have left her in the wilderness, at times undergoing painful trial, yet your arm will support her until she reaches the home above. In her suffering you are with her, giving her strength for each day, and when you take her over Jordan, her sorrow will be forever gone.

Although, in the flesh, a cloud may at times hide him from you, and although your stream of water may run dry, be of good courage. Great joy and tenderness await you at God's right hand, and when you enter his royal chamber you will be to him as a crown of glory.

O you people who have not got to know him, and who do not listen to his voice, make haste and come with us, for death is closely pursuing you. His hands are still stretched out to you, and there is pity and favour in his heart. If you kiss the Son, you will find mercy in all that he has done.

Còmhla ri a chiad ogha, Alison Jack
With first grandchild Alison

Cumha do Chalum Moireasdan, Sgalpaigh Na Hearadh

A Bha na Theachdaire an t-Soisgeil ann am Beàrnaraigh Na Hearadh

Bu duilich leam an sgeula chruaidh
A fhuair mi moch Dimàirt:
Gun robh thu sìnte tosdach, fuar,
An glasaibh buan a' bhàis.
Ach ged as goirid bha do chuairt
Am measg an t-sluaigh san àit',
Bidh iomradh ort gu suthainn buan,
'S bidh d' ainm air luaidh gu bràth.

Chan iongnadh leam ged bhiodh do chlann
'S do bhean gu fann fo leòn,
'S do bhràithrean caomh a dh'fhàs rid thaobh
Bhith 'n-diugh fo dhaorsa bròin –
Do spìonadh bhuap' gu h-aithghearr, luath,
Mar lann a bhuaineadh ròs,
Le teachdaire gun iochd, gun truas –
'S e nàmhaid chruaidh nam beò.

Cha tèid air dìochuimhn' d' obair chiat
'S an riaghladh rinn thu oirnn;
Sheas thu daingeann aig ar ceann
Nuair bha an ain-sìth mòr;
Bu tuigseach, toinisgeil thu ann,
'S bu chiallach cainnt do bheòil –
Dh'fhàg siud an-diugh iad ann an sìth,
Le Soisgeul fìor gun sgòd.

'S ann ort a bhuilich Rìgh nan Dùl
An tuigse 's tùr a b' fheàrr;
Bha thu ealanta anns gach cùis
San cuireadh tu do làmh,
Gun fhèinealachd, gun mhoit, gun uaill,
Gun fhoill, gun ghruaim nad ghnàths,
Ach cridhe glan, gun lochd, gun fhuachd,
Gun ghnùth, gun fhuath do chàch.

Gur tostach, trom an-diugh tha 'n ceann
A riaghladh com bha tlàth;
Gur druidte, dùinte 'n-diugh tha 'n t-sùil
Bha maiseach, mùirneach, blàth;
Pearsa dhìreach, shnasail, ghrinn
Bha làn de dh'aoigh 's de bhàidh,
Gun mheang, gun chearb, gun chron, gun chlì
Bho bhàrr do chinn gud shàil.

Cha bhàs do bhàs, a charaid ghràidh,
Ged dh'fhag thu tìr nam beò:
Chaidh thu dh'ionnsaigh àit' as feàrr
Na fàsaichean nan deòir;
'S ged tha do chàirdean 's luchd do ghràidh
Fo mhulad, càs is bròn,
An Tì thug leis thu tren a' bhàs,
'S E fhèin as fheàrr ort coir.

Ach, uaigh, ged fhuair, cha toir thu buaidh
Is d' fhuachd cha bhuair a thàmh:
Chan eil do chuibhreann ach mì-bhuan –
'S e duslach truagh do phàirt:
Tha 'n t-anam tèaraint' an-diugh shuas
Aig bunait bhuan nan àl
A rinneadh ullachadh don dream
A leanas clann nan gràs.

Is tric a theagaisg thu don t-sluagh
Le briathraibh stuama blàth
Nach eil an suaimhneas an seo buan
'S nach robh an cuairt ach geàrr;
Is tric a ghuidh thu oirnn le deòir
Ar dòchas chur sa Ghràdh
A bheireadh dhachaigh sinn fa-dheòidh
Thar Iòrdain 's thar a' bhàis.

Is lìonmhor aingidh bhochda, thruagh
A thog thu suas an-àird,
'S don d' fhosgail thusa saidhbhreas buan
Led bhriathraibh stuama, blàth;
Is ged a bha na cathan cruaidh
'S na duaisean gun iad àrd,
Bhuannaich thu an Dachaigh shuas
Far 'm faigh thu duais as feàrr.

Ach tha thu nis am fois is sìth,
Chan eil ort sgìths no cràdh,
An comann saidhbhir an Àrd-Rìgh
An Rìoghachd bhuan an àigh.
Tha 'n trusgan glan 's an lòn gun dìth,
Tha tobair fìorghlan làn,
Iad beò an sìth 's an òran binn
Fad linntean buan gu bràth.

An Giblean / April 1948

Elegy for Malcolm Morrison, Scalpay, Harris

Preacher of the Gospel in Bernera, Harris

Grievous to me the news that came as a hard blow early on Tuesday: that you were lying still and cold in the lasting grip of death. Though your sojourn among the people of this place was but short, you will be eternally remembered and your name will be mentioned forever.

It is little wonder that your children and your wife are enfeebled and wounded, and that your dear brothers who grew beside you are held captive in sorrow. As though a blade had felled a rose, you were plucked from them with a swift suddenness by the ruthless, pitiless messenger who is the unyielding enemy of all the living.

Your commendable work and your shepherding of us will not be forgotten: you stood firmly at our head when discord was rampant. You had understanding and good sense, and the words you spoke were charged with wisdom. The result is that today the people are at peace under the true and unblemished Gospel.

The Almighty King endowed you with the best of understanding and good sense; you were skilled in every matter to which you turned your hand. Devoid of selfishness, arrogance and pride, you had no deceitfulness or surliness in your bearing. You had a pure and innocent heart, with no coldness, surliness or distaste towards others.

Still and inert now is the head that used to rule a gentle body. Tight shut is the eye that was beautiful, joyous and warm. In your physique you were erect, trim and attractive, full of geniality and affection. From head to toe, there was no blemish or defect, no harmfulness or weakness.

Beloved friend, your death is no death, though you have left the land of the living – you have gone to a better place than these tearful wildernesses. And though your friends and loved ones are sunk in sorrow, perplexity and grief, the One who took you away through death has the better claim on you.

And though you, O grave, have received him, you will not have the ultimate victory, and your chill will not torment his rest. Your portion of him will be short-lived, for only the feeble dust is your share. Today his soul is secure above, resting on the unshakeable foundation prepared for all those who go the way of the children of grace.

Often, in earnest and affectionate words, you taught the people that their rest here does not last, and that their sojourn is a short one. Often, with tears, you implored us to trust in the Love that in the end would bring us safely home through the Jordan of death.

Many poor, wretched evildoers you helped up, opening for them everlasting treasure through your earnest affectionate words. And though there were hard battles, and only meagre rewards, you have made it to the Home above, where a better prize awaits you.

But you are now at perfect rest, beyond all weariness and pain, in the affluent company of the High King in the Kingdom that is forever blessed. Their garment is pure, their sustenance unbounded, and the spring of pure water is full. They dwell in peace, their song sublime, through the everlasting ages.

Calum Moireasdan agus a nighean Màiri Beileag
Malcolm Morrison with daughter Marybell

Am Prionnsapal Iain MacLeòid nach Maireann

Bu ghoirt an sgeula dh'innseadh dhuinn mu bheul na h-oidhch'
 a-raoir
Mu bhàs an diadhair urramaich bha dhuinn mar rionnag shoills';
'S leam fhèin gu dearbh as brònach siud, do bhilean bhith nan
 tàmh,
'S an t-sùil bha blàth, gun chaidil i, 's cha dhùisg gu Latha Bràth.

O, Eaglais Shaor na h-Alba, aon ded phrionnsaibh thuit gu làr!
Gabh brat a' bhròin 's dèan tuireadh, oir chaill thu solas àrd;
Tha aon de phuist an teampaill sìnt' an cuibhrig ghil a' bhàis,
Ach anam tha ri seinn am measg nan naomh le Fear a Ghràidh.

Chan fhacas an trì ginealaich do shamhail thaobh do phàirt –
Dh'fhaodadh tu bhith iomraiteach 'n taigh Phàraoh fad do là;
Ach is ann a fhuaireadh thu measg bochdan Chrìosd len cràidh,
Oir dhearc thu air an Rìgh is air an Tìr air nach laigh sgàil.

Ged bha do bhuadhan làidir, 's d' eòlas mòr mar thobair làn,
Le sin cha d' chaill thu d' irioslachd, 's an uaill cha d' ghabh ort
 tàmh;
Mar mhaoth-lus air a lìonadh leis an dealt a thig o nèamh,
Bha d' anam crom na làthair-san don dligh' a' ghlòir gu lèir.

B' òg an tùs do làithean laigh do ghràdh air Rìgh nan Naomh,
'S bu dìleas thu na sheirbheis on là shealbhaich thu a ghnùis;
'S do thàlannan bha lìonmhor cha do thiodhlaic thu san ùir –
Thug thu nis dha len riadh iad, 's gheibh thu sìorraidheachd de
 'ghaol.

Is amhail sin a ghràdhaich thu na naoimh tha bhos is shuas,
'S bu taitneach leam do sgeula mu na seudan ud gach uair;
Bhiodh faoilt' do ghnùis ag innse dhuinn cho dlùth 's a bha do
 ghràdh
Air oighrichean a' gheallaidh ud thug Dia do dh'Abrahàm.

Nuair lasadh buadhan d' anam' leis an t-solas ud tha blàth,
Gun èireadh tu ad smuaintean mar an iolair suas gu h-àrd;
Bu domhainn tric an cuan sam biodh do ghnìomh am firinn Dhè –
'S iomadh iad a bhàthadh far an snàmhadh tu gu treun.

B' annsa leat bhith seirm air Pearsa 's dreuchdan Rìgh na Glòir,
'S gu sònraicht' air an ìobairt sa bheil sìth do luchd a' bhròin,
Is dh'innseadh tu mar dh'ìslicheadh an Tì a dhealbh na dùil,
'S mar dh'òl E 'n cupan uabhasach air Crann na feirg gu
    ghrunnd.

Chuala mi nam òige thu 's tu luaidh air teaghlach Dhè:
Cionnas mar na calmain nì iad tuireadh tric leoth' fhèin,
'S ged bhuadhaich air ar crìdh' bhon uair sin iomadh sgeul,
Bidh siud nar cuimhn' gu sìorraidh mar bheatha Dhè bhod bheul.

An taigh do chuairt bha bròn agad, mar dh'òrdaicheadh da
    shluagh:
Thug Dia od thaobh do chèile air 'n robh sgèimh le gràs o shuas;
'S ann tha sibh nise pòsta ris an Uan an glòir nan nèamh,
'S cha sil ur sùilean tuilleadh na cho-chomann-san gach rè.

O, bu mhath an gràs ud bheireadh sàbhailt' sinn rid thaobh,
'S bheireadh às gach gàbhadh sinn thar sruth is fairge 's gaoith'!
'S mas ann air èiginn gheibh na fìrein don chala shàmhach chiùin,
Càit 'n taisbeanar na truaghain tha nan suain ri cladach daors'!

1949

The Late Principal John MacLeod

Painful the news told us at nightfall yesterday of the death of the respected divine who was to us a bright guiding star. I myself am overcome with grief that your lips are now silent, and that the kindly eye has slept, never to awake until Judgment Day.

O Free Church of Scotland, one of your princes has been felled! Don the mantle of grief and make lament, for you have lost a resplendent light. One of the pillars of the temple is recumbent in the white covering of death, but his soul joins in the song of the saints in the presence of his great Loved One.

For three generations, your equal in gifts has not been seen – throughout your days you could have gained renown in Pharaoh's palace. But you were found amongst the poor followers of Christ in all their sufferings, because you had glimpsed the King and the Land on which no shadow falls.

Though your capabilities were strong and your knowledge like an overflowing well, you never lost your humility, and pride found no lodging in you. Like a tender plant filled with the dew that comes from Heaven, your soul bowed down in the presence of Him to whom all the glory is due.

You were only young when your love was drawn to the King of Saints, and you were faithful in his service from the day you caught sight of his face. You did not bury your abundant talents in the earth – you have now presented them to him with interest, and you will enjoy an eternity of his love.

In like manner you loved the saints, both here below and those above, and I always delighted to hear you tell of these jewels. The glow in your face made clear to us how ardent was your love for the heirs of the promise which God gave to Abraham.

When the faculties of your soul flamed with that warm light, your thoughts would rise like the soaring eagle. Frequently your engaging with God's truth took you into ocean depths, and many would have drowned where you could strongly swim.

It was your great joy to sing of the Person and offices of the King of Glory, and especially the sacrifice in which the sorrowing find peace, and you would tell how the One who fashioned the universe was humbled, to drink that dreadful cup on the Cross of unfathomable wrath.

In my youth I heard you speak of the family of God, and how like doves they often make lament by themselves. And though since then many sayings have touched my heart, I shall forever remember that as a life-giving word of God from your lips.

In the house of your pilgrimage, you had your share of grief, as God has ordained for his people. God took from your side your spouse, herself made lovely by grace from above. Now you are both wed to the Lamb in the glory of Heaven, and in his everlasting communion your eyes will shed no more tears.

How precious the grace that would bring us safely to your side, delivering us from every danger of tide and sea and storm! If it is only narrowly that the righteous make it to the calm and peaceful haven, what will be the outcome for those wretched ones who are fast asleep by the fatal shore?

Am Prionnsapal Iain MacLeòid D.D.
Principal John MacLeod D.D.

Mansa na h-Eaglaise Saoire an Ruigh Sholais
Resolis Free Church Manse

How Beautiful upon the Mountains ...

"How beautiful upon the mountains are the feet of Him that brings good tidings, that publishes peace; that brings tidings of good, that publishes salvation; that says to Zion, 'Your God reigns!'" *(Isaiah 52:7)*

How fair were those feet coming over the hills,
   Like the hind of the morning o'er Bether He runs:
My soul to redeem, and my heart to reclaim,
   And my mountains of sin to reduce to a plain.

How fair were those footsteps on Sinai's dark range –
   The Law which accused, but refused to unbend!
Its precepts He honoured, its curse He endured:
   Its voice He has silenced, and its thunders subdued.

On the top of Mount Tabor, His Form did shine –
   Beloved of the Father, the choice of His Bride –
In converse with Heaven that our eyes might behold
   The portals of peace, and the mansions of gold.

How kind were His accents by Hermon's quiet folds!
   With His lips full of grace like the dew on the rose:
His poor ones to bless, and the sad to console –
   The heart of the weary to heal by His Word.

But lovely beyond all that Heaven revealed
   Were those feet on Golgotha when nailed to the Tree.
His life He did give as His heart they did cleave,
   That the kiss of His pardon on my life might be sealed.

When death He did vanquish and the grave He had spoiled,
   He led them away over Olivet's side;
In blessings unfaded He lifted His hands –
   My place to prepare in the far distant land.

O! how fair on that morn shall His Form be seen
   When awaked out of sleep He my bones shall redeem;
To present me before Him in glory arrayed,
   His praises to sing, and His love to proclaim.

Nach Maiseach ...

"Cia maiseach air na slèibhtean casan an teachdaire aoibhinn a tha ag èigheach sìthe; teachdaire an deagh sgeòil, a tha ag èigheach slàinte, a tha ag ràdh ri Sion, Is e do Dhia as rìgh ann!" *(Isaiah 52: 7)*

Nach maiseach na casan ud tighinn thar nam beann,
Mar eilid na maidne thar Bhèteir na deann:
Gus m' anam a shaoradh 's mo chrìdh' thoirt leis fhèin,
Is mo bheanntannan peacaidh chur còmhnard is rèidh.

Nach maiseach na ceuman thar sliabh dorch Shinài –
An Lagh, rinn e casaid, 's chan aomadh gu bràth;
Ghabh Esan ri reachdan, a mhallachd gun d' sheas –
A ghuth chuir gu sàmhchair 's a thorrann gu clos.

Air mullach sliabh Thàboir gun d' dheàlraich le soills' –
Aon gràdhaichte Athar, aon rogha Bean na Bainns',
E a' còmhradh ri Nèamh, gus am faiceamaid fòs
Na geatachan sìth 's àite-còmhnaidh an òir.

Gur caomh bha a chainnt ann a Hèrmon 's gach còs,
'S a bhilean làn gràidh mar an dealt air an ròs:
A bheannachadh bhochdan 's luchd trom ann an crìdh',
A thoirt leigheis le Fhacal dhaibh uile bha sgìth.

Ach àlainn seach aon rud a thaisbein Nèamh dhuinn
Bha na casan a thàirngeadh 'n Golgòta ri Craoibh;
A bheatha thug thairis mar a sgolt iad a chrìdh',
Gus an seulaichte pòg a mhaitheanais dhomh fhìn.

Nuair thug buaidh air a' bhàs is sgrios air an uaigh,
Gun do dh'fhalbh Esan leotha thar Olibhet suas;
Le beannachdan gun chaochladh thog E a làmh,
San tìr fada thall gun do dh'ullaich dhomh àit'.

O, nach maiseach a' mhadainn ud chithear m' Fhear-Gràidh
'N dèidh mo chnàmhan a theàrnadh à cadal a' bhàis,
'S a bhios mi glòir-sgeadaicht' na làthaireachd fhèin,
Gu bhith seinn air a chliù is gu ghràdh chur an cèill.

Jehovah Shalome

Undone by my slain hope, I pined,
Whilst from Thy voice I sought to hide;
Nor rest I found in earthly balm
Till I beheld Thy wounded palms.

Now know I, Lord, that all my sin
By Thee was borne, to ever still
That searching voice which me accused,
My peace to seal, and Thee to choose.

Thy love I see not in Thy Throne,
In reigning just o'er countless worlds,
But in Thy Cross and sword-pierced side;
Raised on the Tree, my death to die.

When in Thy sight I shall appear,
My song of praise the hosts shall hear,
Thy blood and love mine only theme,
While ages roll in joy supreme.

October 1951

Iehòbhah-Salom

Mi sgriost' le bàs mo dhòchais, 's fann,
Gun d' rinn mi oidhirp teich od ghlaodh,
Gun fois dhomh 'n ìocshlaint thalmhaidh bhaoth
Gu 'm faca mi gach lot nad làimh.

Nis, 's eòl dhomh, Thighearn', gun d' thuit gu dlùth
Mo chiont-sa ort, a chaisg gu sìor
An guth rinn casaid orm gu dian
'S thug dhòmhsa sìth, is thagh mi Thu.

Chan ann nad Chathair chì mi 'n gràdh,
'S i riaghladh ceartais air na saogh'il,
Ach na do Chrann, 's an t-sleagh nad thaobh,
'S Tu crochte, fulang bàis nam àit'-s'.

Nuair nochdas mi nad fhianais thall,
Laoidh mholaidh bhuams' gun cluinn na slòigh,
D' fhuil-sa 's do ghràdh mo chuspair mòr,
'S àrd-aoibhneas fad nan linn bidh ann.

When Tossed on Waves ...

When tossed on waves my spirits sank
And sweeping waters roared,
Thou heardst my cry and walked the flood,
To me thy peace restored.

When darkness deep concealed the way
And I had strayed afar,
Thy light again revealed the path
And filled my sky with stars.

When first I did the race pursue
And sin pressed down me sore,
Thine hand upheld me, and thy love
My saddened heart consoled.

When Satan sought my hope and life
With fiery darts to slay,
Thy nearer Presence – my defence;
Thy Word – my constant stay.

And when at last I reach the vale
O'er which Death's shadow falls,
My lamp of hope shall brightly shine,
For Thou shalt hear my call.

Thine hand forever holds them fast
Who are thy Chosen Bride:
Redeemed by blood, Thou shalt with joy
Present them at thy side.

Sabbath afternoon, 13th April 1952

Fo Thonnan Garbh

Bha m' aigne claoidht' fo thonnan garbh
Is uisgeachan gach taobh,
Ach dh'aisig Thusa dhomh do shìth,
Oir chuala Tu mo ghlaodh.

Bha 'n t-slighe falaicht' san dubh-dhorch
'S air seachran bha mi fhèin,
Ach nochd do sholas slighe dhomh
'S le reultan lìon an speur.

Nuair thòisich mise air an rèis,
Throm-bhrùth am peacadh mi:
Do làmh chùm suas mi, is do ghràdh
Thug furtachd dha mo chrìdh'.

Nuair dh'fheuch an Sàtan le chuid ghath
Rim mhiann 's mo bheath' a sgrios,
Do làthaireachd, 's i rinn mo dhìon,
Is d' Fhacal, 's e ghlèidh mis'.

'S nuair ruigear leams' aig a' cheann thall
Gleann dorcha sgàil a' bhàis,
Lòchran mo dhòchais deàlraidh grinn,
Oir èistidh Tu gun dàil.

Nad làimh ro threun tha iad a-chaoidh,
Do roghainn mar Bhean-bainns',
A cheannaich fuil 's a nochdar leat
Le sòlas aig do làimh.

Tha Gaineamh Tìm ri Lùghdachadh

Rinneadh na rainn a leanas le bean-uasal dam b' ainm Mrs Cousin mu thimcheall bàs an diadhair urramaich ud, Samuel Rutherford. Tha an laoidh gu h-iomlan mar gum biodh i air a dèanamh le Rutherford fhèin; agus tha mòran den chainnt a chleachd e air leabaidh a bhàis air fhilleadh innte. An uair a bha e a' bàsachadh thàinig fios cabhagach da ionnsaigh gu cùirt a sheasamh airson na gnùis a bha e a' toirt do dh'oidhirpean nan Cùmhnantach, ach bha esan air gairm fhaighinn gu fhois shìorraidh. Tha oidhirp an seo air beagan den laoidh a thionndadh gu Gàidhlig. M.C.

Tha gaineamh tìm ri lùghdachadh,
Tha madainn nuadh toirt iùil;
Tha 'n samhradh caomh a dheònaich mi
A' deàlradh orm o ghnùis:
Dorch, duilich dhòmhs' bha 'n oidhche,
Ach tha shoillse dlùth dom cheum;
'S tha glòir ro mhòr a' còmhnaidh
Ann an tìr Emanuèil.

An sin tha 'n Ròs o Shàron,
Fo dhuilleach 's àillidh sgiamh,
A' sgaoileadh fhàile cùbhraidh
Mar an driùchd air mìle sliabh;
O, 's e bhith làimh ri shòlasan
Is mi còmhdaichte gun èis:
Far 'm beil glòir ro mhòr a' còmhnaidh
Ann an tìr Emanuèil.

Gun do chòmhraig mi gu saorsa
'N aghaidh siantan cruaidh a' bhàis,
Is a-nis lem thuras sgìth,
Dèan dhomh taic le neart do làimh;
'S an uair thig beul an anmoich orm
'S a dhorchnaichear taigh tìm,
'N sin chì mi glòir an teàrnaidh
Tha an tìr Emanuèil.

Tro uisgibh domhainn uabhasach
Mo shlighe dh'òrdaich thu,
Ach air mo chùl gun d' fhàg mi iad,
'S mi nise sàbhailt' ciùin;
O airson clàrsach theud-bhinneach
Gu seinn do chliù led naoimh
Tha moladh glòir do mhòrachd
Ann an tìr Emanuèil!

Mo chuairt sa phàillean thalmhaidh seo
Do chòmhdaicheadh le bròn;
Le tròcair agus breitheanas
Do shnìomh thu dhomh mo lò;
Ach an làmh a threòraich mi
'S an cridhe dh'òrdaich slàint' –
An cathair glòir gu seinn mi dha
Ann an tìr Emanuèil.

Air sgàth d' ainm mhòir do ghiùlain mi
Fuath, masladh 's iomadh càs:
Rinn buidheann aingidh m' fhuathachadh
Le neimh ro fhuar is tàir;
'S na sheulaich Dia le ghràsan,
Gun do shaltair iad gu breun;
Ach tha ceartas àrd a' deàlrachadh
Ann an tìr Emanuèil.

Gun do shumain iad gu cùirtean mi,
Ach chan fhaod mi nis dol ann:
Tha Fear mo Ghràidh a' glaodhaich rium:
"Thig Dhachaigh – fàilt' a-nall."
Mo Rìgh th' air sliabh a naomhachd,
Tha e 'g òrdachadh mo cheum,
Far an còmhdaich glòir bhios sìorraidh mi
Ann an tìr Emanuèil.

The Sands of Time Are Sinking

The following verses were [part of a longer hymn] composed by a lady called Mrs Cousin on the death of that respected divine, Samuel Rutherford. The entire hymn is as though it had been uttered by Rutherford himself; and much of what he said on his death-bed is woven into it. When he was dying, he received an urgent summons to stand trial for the support he had given to the Covenanters, but he had already been called to his eternal rest. An attempt is made here to translate the following small part of the hymn into Gaelic. M.C.

The sands of time are sinking, the dawn of Heaven breaks;
The summer morn I've sighed for—the fair, sweet morn awakes:
Dark, dark hath been the midnight, but dayspring is at hand,
And glory, glory dwelleth in Immanuel's land.

There the Red Rose of Sharon unfolds its heartsome bloom
And fills the air of heaven with ravishing perfume:
Oh! To behold it blossom, while by its fragrance fanned,
Where glory, glory dwelleth in Immanuel's land.

I've wrestled on towards Heaven, against storm and wind and tide,
Now, like a weary traveller that leaneth on his guide,
Amid the shades of evening, while sinks life's lingering sand,
I hail the glory dawning from Immanuel's land.

Deep waters crossed life's pathway, the hedge of thorns was sharp;
Now, these lie all behind me; Oh! for a well tuned harp!
Oh! To join hallelujah with yon triumphant band,
Who sing where glory dwelleth in Immanuel's land.

With mercy and with judgment my web of time He wove,
And aye, the dews of sorrow were lustred with His love;
I'll bless the hand that guided, I'll bless the heart that planned
When throned where glory dwelleth in Immanuel's land.

I have borne scorn and hatred, I have borne wrong and shame,
Earth's proud ones have reproached me for Christ's thrice
 blessed Name:
Where God His seal set fairest they've stamped the foulest brand,
But judgment shines like noonday in Immanuel's land.

They've summoned me before them, but there I may not come:
My Lord says, "Come up hither," my Lord says, "Welcome
 home!"
My King, at His white throne, my presence doth command
Where glory, glory dwelleth in Immanuel's land.

Bean na Bainnse a' Dol Dhachaigh

Anns an dorcha tren doininn
Chì mi rionnag shoills':
Thig mo Rùn gu m' aiseag dhachaigh,
'S teichidh sgàil na h-oidhch'.

Anns an t-solas làn de shonas
Anns an dachaigh shuas,
Tha m' Fhear-gaoil gu rèidh gam fheitheamh
Gus an tig an uair.

'S fhada rinn E iùl is cobhair
Orm san fhàsach sgìth;
Nis, ma-tà, tha 'm bail' am fradharc,
Cathair àillidh Dhè.

Ann an glòir nam Flaitheas fhathast
Tha E feitheamh rium,
'S air a dheàrnaibh ainm geàrrte
Ris nach cuir E cùl.

Mar fhuaim nas binn' na ceòl na lùchairt
Bualadh air mo chluais,
Cluinnidh E cas-cheum a Chèile
San dìthreabh 's i tighinn dlùth.

Tha na taighean-fuirich ullamh,
Òirdheirc, uasal, blàth,
Ach cha tàinig fhathast dhachaigh
A Chèil' thug Athair dha.

Cò E seo tha teachd san fhàsach
Am dhàil air sligh' a cheum,
Ro-innseadh mar 'n rionnag-mhaidne
Latha grianach Dhè?

'S E a thàinig gu mo chosnadh
Air a' Chrann fo thàir;
'S math as lèir dhomh ann an Glòir E,
'N cuspair ceudn' a-ghnàth.

O, b' e sin a' choinneamh chridheil,
Crìochnachadh mo chuairt;
'S binn am facal fàilt' a their E,
Cagairt ann am chluais.

Es' is mis' le chèile ruigheachd
Àros glòir fa-dheòidh,
'S lànachd gràdh an Athar ga mealtainn
Aig a' chàraid-phòst'.

Far nach fhaicear smal no dubhar
No caochladh air an òr;
Fìorghlan ann an naomhachd mhaireann,
Siùbhlam leis an Glòir.

Mar chèile iomchaidh do dh'Ìosa,
Dèanta uaith' is dha,
Chithear mais' nan gràs a' deàlradh
Annam fhèin gu bràth.

Es' a dh'òl an uair a thrèigsinn
Mallachd Dhè gu lèir,
Is mis' a lean na dhèidh san fhàsach,
'S cràiteach, mall mo cheum.

Bidh sinn anns an Àros cuideachd
Le subhachas gun dìth:
Ormsa chionn gun d' fhuair mi dhachaigh,
'S air gun d' fhuair E mi.

The Bride Going Home

In the darkness, through the tempest, I glimpse a shining star: my Beloved will come to convey me home, and the gloom of night will vanish.

In the light of abounding bliss, in the home above, my Lover waits for me until the appointed time arrives.

He has for a long time guided and helped me in the wearisome wilderness. Now, at last, the destination is in view, the resplendent city of God.

He waits for me still in the glory of paradise. Engraved on his palms is a name which he will not disown.

As a sound sweeter than the palace music which steals on my ear, he will hear the footfall of his spouse as she approaches through the desert.

The dwelling-places are prepared – splendid, noble, warmly inviting – but the bride whom his Father gave him has not yet arrived home.

Who is this who comes to meet me in the wilderness, as I walk in the way of his steps – like the morning-star heralding the full sunshine of God's day?

He it was who came to purchase me as he hung despised on the Cross. I can clearly see him in Glory, one and the same person for ever.

That will be a joyful meeting as I complete my journey. Sweet will be his word of welcome, whispered in my ear.

He and I both together at last in the abode of glory – a wedded couple enjoying the fulness of the Father's love.

There will be no smudge or darkening, no tarnishing of the gold. Totally pure in unending holiness, I shall keep step with him in Glory.

As a fitting spouse for Jesus, created by him and for him, I shall eternally be radiant with the beauty that grace has wrought in me.

He, who at the time of his forsakenness, drank to the dregs the curse of God; and I, who followed him through the wilderness, though with a slow and painful step.

We shall be together in that dwelling, each of us filled with an abundant joy – mine, that I made it home; and his, that he found me.

Srath Pheofhair mu 1950
Strathpeffer *circa* 1950

Geàrr-Iomradh air a Bheatha

Rugadh Murchadh Caimbeul sa bhliadhna 1900 ann an Suaineabost an Eilean Leòdhais, far a bheil dùthchas is eachdraidh air Lochlannaich is Gàidheil a thoinneamh am measg a chèile. Thogadh e ann an taigh-dubh, le beathaichean is daoine fon aon druim, agus teine mònach am meadhan an làir. Bha athair na chroitear is na iasgair, agus a thuilleadh air sin na mhiseanaraidh. Bha gibht an sgrìobhaidh aig dithis dhe bhràithrean, agus bha an tuilleadh sgrìobhaichean gu nochdadh nan iarmad. Bha far-ainmean cumanta san sgìre (mar a tha fhathast), agus b' e 'Verey' a thugadh airsan (bhon lasair Verey a bhite a' losgadh nan èireadh gàbhadh aig muir). Na òige bhiodh e a' cluich mu Gheodha Sheneca, ach thàinig am fiabhras osteomyelitis anns na cnàmhan aige, agus cha robh cungaidhean rim faighinn a bheireadh faochadh air a' chràdh. Na shìneadh ri taobh an teine, bha 'lèirsinn' neo-chumanta aige a leigeadh dha faicinn dè bha clann eile an teaghlaich a' leughadh aig an dearbh mhionaid san sgoil leth-mhìle air falbh, agus dè na cleasan a bhiodh aca air an t-slighe dhachaigh. Cha b' urrainn dhaibh cur an aghaidh firinn na 'chunnaic' e, ach cha robh iad idir airson comas cho ana-cneasta a mhisneachadh. Thug an euslaint bliadhnaichean foghlaim bhuaithe, agus bhac i e bho dhreuchd mhiannaichte sa Chabhlach Rìoghail; an àite sin ghabh e san Arm. Às dèidh a' chogaidh dh'obraich e mar chalcair ann an gàrradh-iarainn ann an Grianaig.

Bhiodh e a' seinn aig cuirmean-ciùil, agus bha an neach a bha ga theagasg dhen bheachd, nan leanadh e air ag ionnsachadh, nach biodh seinneadair Gàidhlig ann na latha a thigeadh suas ris. Ach aig aois dà bhliadhna ar fhichead, fhuair e aithne air fhèin mar pheacach, agus lorg e sìth dha anam ann am mathanas Dhè. O sin a-mach, b' e an nì bu mhotha a bha san amharc aige gràdh Dhè a chur an cèill do dhaoine eile. Cha do ghabh e riamh an t-aithreachas, ach 's dòcha gum b' e na bacaidhean a choinnich ris na òige a bh' aig bun na h-aisling a bhiodh e a' faicinn anns an robh e a' seinn le guth mòran na b' fheàrr na an guth a bh' aige. Aon nì a tha cinnteach: ged a stiùir e iomadh duine gu aoibhneas fhaighinn ann an Crìosd mar a fhuair e fhèin, bha e na adhbhar mulaid dha gun robh urad ann a dhiùlt an cuireadh.

Thug e a-mach foghlam a bheireadh dhan oilthigh e ann an sia mìosan seach na sia bliadhna àbhaisteach, agus cheumnaich e ann an Oilthigh Dhùn Eideann. Cha robh an t-airgead ach gann, agus corra uair theab e fannachadh air an t-sràid leis an acras. An dèidh trì bliadhna ann an Colaiste na h-Eaglaise Saoire, fhuair e cead searmonachaidh. Phòs e an uair sin Màiri, no 'Moilidh', Fhriseal, boireannach maiseach, tuigseach, uasal a bha air bùth leabhraichean fhosgladh ann am baile a h-àraich, Srath Pheofhair, far am biodh aig an àm mòran sluaigh a' tadhal, 's iad a' sireadh leigheis anns na h-uisgeachan. Ged a bha iad aocoltach nan nàdar, bha iad a' tighinn gu math air a chèile: a' bheothalachd aigesan na tobar aoibhneis dhìse, agus an ciùineas aicese na chaladh sàmhach dhàsan. Bha dithis nighean aca, Anna is Màiri, agus am mac Dàibhidh, an aon ghille a thàinig gu aois. Chuir Murchadh seachad ceithir bliadhna na mhinistear ann an Cille Chuimein is Gleann Moireastan, agus ghluais e an uair sin gu Glaschu, gu bhith a' neartachadh a' choitheanail Ghàidhealaich ann am Partaig. Anns a' bhochdainn a thàinig air an rìoghachd ron Dàrna Cogadh, gus lùghdachadh air cosgais a' choitheanail, ghluais e gu taigh a bu shaoire na 'm fear anns an robh e. Dh'fhuirich e anns a' choitheanal seo tro bhliadhnaichean a' chogaidh, ach a-mhàin gun tug e speile mar sheaplain am measg nan Gàidheal ann am Portsmouth. Bhris air a shlàinte, agus sa bhliadhna 1951 ghluais e gu sgìre dhùthchail Ruigh Sholais anns an Eilean Dubh, far an do dh'fhuirich e gus an do leig e dheth a dhreuchd ann an 1967.

Mar an ciad mhac san teaghlach ann an sgìre Cheilteach, dh'fheumadh deagh chuimhne a bhith aige, is fios air a shinnsearachd fad linntean. Nuair a bhiodh e ann an cuideachd, cha bhiodh casg air na stòiridhean, a bhriathran a' toirt an cuimhne nan seann sgeulachdan Lochlannach, a chainnt neartmhor ann an nòs na Gàidhlig. Bha geurad is dibhearsain na dhòigh, agus bhiodh lainnir na shùil uaine, a' cur tomhas de dh'fhalach air neart a spioraid, ach a' toirt am follais doimhneachd de lèirsinn, de cho-fhaireachdainn is de ghliocas. Am measg nan leabhraichean a bh' aige ri taobh na leapa bha *The Pickwick Papers*, is tlachd mhòr aige na nòsan èibhinn.

Is iongantach mura do mhothaich a' mhòr-chuid againn, uair no uaireigin, neacheigin gar coimhead bho ar cùl, is nuair a thionndaidh sinn ghlac sinn a shùil (mura robh e buileach am falach). Bha mothachadh dìomhair do-thuigsinn aig m' athair nach eil buileach cho cumanta. Bu ghann latha nach robh earrainn air choreigin dhen Sgriobtair a' dèanamh aithnichte dha gun robh cuideigin air an robh e eòlach, 's dòcha fada air falbh bhuaithe, ann an teanntachd le tinneas no deuchainn air choreigin eile, is ri uchd bàis. Agus cha b' e a-mhàin suidhichidhean pearsanta a bhiodh a' tighinn fa chomhair, no droch naidheachdan, no an t-àm sin fhèin. Tràth anns an Dàrna Cogadh, nuair nach robh mòran a' creidsinn gum b' ann aig Breatainn a bhiodh a' bhuaidh, thàinig dearbhachd shoilleir thuige gun cuireadh an Tighearna Hitler bun-os-cionn. Sgrìobh e gu Churchill, agus thug an duine mòr taing dha. Bhiodh e fhèin a' ceasnachadh am b' e ceanglaichean ris an t-saoghal neo-fhaicsinneach ann an seagh Crìosdail a bh' air cùl nam fiosrachaidhean sin. Chaidh a dhearbhadh gun robh iad fìrinneach, is mar sin tha iad airidh air an tuilleadh rannsachaidh, ach chan eil fhios againn ciamar a nì sinn rannsachadh orra. A chionn 's nach eil adhbharan follaiseach co-cheangailte riu, chan eil dòigh againn air an cur an cèill, is mar sin a dhol air adhart.

Am measg a cho-luchd-dreuchd, bhiodh e daonnan a' sireadh rèite is còrdadh, agus bha a' bhliadhna a thug e mar Mhodaràtair na bliadhna sìthe. Chan e gum biodh e a' seachnadh còmhstri. Theireadh e, mar eisimpleir, nach b' e am bom niùclasach am fìor chunnart ach, mar a thuirt Albert Einstein, 'cridhe an duine'. Aig amannan adhraidh san uaigneas leis fhèin, bha mothachadh aige gu tric air dlùth-chomann aoibhneach ris an Tighearna. Bha meas mòr air mar aodhaire, agus bha a chuid ùrnaighean anns an adhradh fhollaiseach a' tighinn thuige cho nàdarrach ri tarraing anail. Bha a shearmonachadh greimeachail is làidir, ann an cainnt ghrinn agus òrdail. Ann an làimhseachadh na Fìrinn, bha e car coltach ris na Piuratanaich Shasannach. Le dùrachd is bàidh, bhiodh e a' cur ìmpidh air an luchd-èisteachd Crìosd fhàilteachadh. Choisinn a ghibhtean agus a bhuadhan nàdarra cliù dha fada is farsaing. Bha gach coitheanal san Eaglais Shaoir, agus coitheanalan eile an taobh a-muigh dhith, an dà chuid am Breatainn is an Ameireaga mu Thuath, ga iarraidh mar am ministear, cuid aca a-rithist is a-rithist. 'S dòcha gur ann airson a chuid sgrìobhaidh as fheàrr a bhios cuimhne air, ach b' e obair soisgeulaiche aig ìre phearsanta bu dlùithe air a chridhe. Bha urad a thuigse aige air daoine, fiù 's ged nach tachradh e riu ach airson ùine ghoirid, 's gun robh e na chomas an stiùireadh gu aithne orra fhèin, agus bho sin gu aithne air Dia. Goirid mus do leig e dheth a dhreuchd, lorgadh gun robh an cansair ann. Ged a bha e trom air a slàinte, cha do chaomhain a bhean ghaolach i fhèin a' toirt cùraim dha gus an do chaochail e ann an 1974.

D. C.

Dàibhidh Caimbeul mu 1980

David Campbell *circa* 1980

A Biographical Sketch

Born in 1900 in Swainbost on the Isle of Lewis, where genes and history mix Celtic and Norse, Murdoch Campbell grew up in a 'black' house, the sort which separates farm animals and people under one thatched roof, with a peat fire in the middle of the floor. His father was a crofter-fisherman and lay missionary. Two brothers were writers; more writers followed down the generations. Nicknames were then (as now) the rage; tellingly, his was 'Verey', after the coloured flare. He played near Seneca's Cave; but osteomyelitis set in, and medication and pain relief were unavailable. Lying by the fire, he routinely 'saw' what his siblings were reading at that moment in school half a mile away, and their games on the way home. They confirmed his claims but tried to discourage such an affront to basic, well-substantiated assumptions. The disease cost him years of schooling, and later a coveted place in the Navy; he joined the Army instead. After the war he served as a caulker in a Greenock shipyard.

He sang at concerts; his singing teacher promised that with training he would become the finest Gaelic singer of his generation. At the age of twenty-two, however, seeing himself as a sinner, he found peace in divine forgiveness; his priority then was to tell of God's love. He had no regrets, but one might speculate that frustration explains a later recurrent dream of singing in a dimensionally better voice than the one he knew. Yet one can say without speculation that however many he brought to share his joy in Christ, he was disappointed for many more who did not respond.

He qualified for University entry in six months, not the usual six years, and graduated from Edinburgh University. Funds were tight, and he came near to passing out in the street from hunger. After three years at the Free Church College he was licensed to preach. He then married the beautiful, intelligent Mary ('Molly') Fraser, a natural aristocrat from Strathpeffer, at that time a fashionable spa, where she had opened a bookshop. Though unalike, they fitted well together: his liveliness her joy, her calm his haven. They had two daughters, Anne and Mary, and one surviving son, David. After four years as Minister of Fort Augustus and Glen Moriston he transferred to Glasgow, where he developed the Partick Highland charge. In the 1930s Depression he moved to a cheaper house to cut his congregation's costs. He saw it through the Second World War, except for a stint as Gaelic Chaplain in Portsmouth; his health suffered and in 1951 he left for the rural parish of Resolis in the Black Isle, retiring in 1967.

As eldest son in a Celtic society he had to have a good memory, carrying in his head the family genealogy, for instance, going back many centuries. In company stories flowed, his delivery reminiscent of the Norse sagas, his speech emphatic in the Gaelic manner. His strong demeanour likeably belied an unobtrusive, cryptic sense of humour, green eyes twinkling, revealing depths of perceptiveness, sympathy and wisdom. Bedside reading included *The Pickwick Papers;* he delighted in its idiosyncrasies.

Most of us have felt someone looking at us from behind, turned and met his eyes (unless he is hidden). Almost daily my father had a similarly puzzling, though less common, type of experience. Some Biblical verse or other would impress on him somehow that this or that acquaintance, often far away, was for example mortally ill. These announcements did not concern only the personal, or bad news, or the moment. Early in the Second World War, for instance, when few believed Britain could win, he had a clear presentiment that God would destroy Hitler, and wrote to a grateful Churchill. He wondered whether these experiences exemplified Christian mysticism. That his claims were confirmed points to facts deserving investigation, but since these experiences have no obvious causal explanation we do not know how to represent them, or therefore how to proceed.

With colleagues he was a reconciler, his year as Moderator marked by peace. Yet he did not shrink from controversy, contending for instance that the danger is not the nuclear bomb but, quoting Einstein, 'the human heart'. Praying on his own often brought intimate, joyful communion with God. A beloved pastor, his public, extempore prayer was as natural to him as breathing; his preaching was engaging and authoritative, in poetic and orderly language, with exegesis akin to that of the English Puritans. Graphically delineating God's majesty and humility, he entreated his hearers, earnestly and tenderly, to accept Christ.

His ability and personal qualities won him wide acclaim: every congregation in his Church and others beyond it, in Britain and North America, invited him to be their pastor, some repeatedly. He may be remembered for his writing but saw personal evangelism as his particular work, bringing many, often met briefly by chance, to self-knowledge and thence to knowledge of God. On approaching retirement he developed cancer and, to the detriment of her health, his cherished, selfless wife cared for him until his death in 1974.

D. C.

A' Bhean-phòsta Chaimbeul
Mrs Campbell with collie

Seirbheis Ghàidhlig

a Chaidh a Chraoladh air 24 Gearran 1957

Salm 65: 1-5 air an fhonn *Kilmarnock*
Tha ann an Sion feitheamh ort
moladh, a Dhè, gun dìth:
'S ann dhut a dhìolar fòs gu pailt
a' bhòid mar gheallar i.

O thus' a dh'èisteas ùrnaigh ghlan,
's ann thugad thig gach aon.
Mo sheachrain tha an uachdar orm:
glan thus' ar peacaidh uainn.

'S beannaicht' an duine sin a-chaoidh
a thaghar leatsa, Dhè,
'S a bheir thu fòs am fagas dhut:
còmhnaidh ad chùirt gheibh e.

Sàsaichear sinn le maitheas mòr
do theach 's do theampaill naoimh.
Le nithean uabhasach, bheir dhuinn,
ad cheartas, freagradh caomh.

Ùrnaigh
    A Dhè ghràsmhoir, is Tusa an Tì a tha uabhasach ann am moladh, glòrmhor ann an naomhachd, a' dèanamh iongantas. O bhith-bhuantachd gu bith-bhuantachd is Tusa Dia. Chruthaich Thusa sinne coileanta, ach thuit sinn air falbh o do thoil – nì a dh'adhbhraich gu bheil sinn uile fosgailte do thruaighean aimsireil agus sìorraidh.
    Tha sinn ga do mholadh airson na slighe sin a dh'fhosgail Thu ann an Crìosd chum daoine peacach a shaoradh o thuarastal a' pheacaidh, nì as e am bàs. 'S Esan an Tì a dhòirt anam a-mach gu bàs chum gun ruigeadh tròcair oirnne. Thàinig Esan don t-saoghal a theàrnadh nam peacach. 'S ann tre fhuil-san a tha Thu a' dèanamh saoghal caillte rèidh riut fhèin.

Tha sinn a' guidhe aig an àm seo gun cuireadh Tu a-mach do Spiorad mar Spiorad dùsgaidh agus ath-bheothachaidh chum sinne, a tha a thaobh nàdair marbh ann an euceartan is ann am peacaidhean — gum bitheamaid air ar togail le a chumhachd ghlòrmhor-san o dhorsaibh bàis agus uaigh.

'S e an Spiorad a-mhàin a bheothaicheas; chan eil tairbhe sam bith anns an fheòil. Dèan poball toileach dhinn ann an latha do chumhachd.

Thoir faireachadh is fiosrachadh fìor dhuinn nar cridhe 's nar cogais gum beil sinn uile mar nì truaillidh agus ar n-uile fhìreantachd mar luideig shalaich, chum mar sin gun tig sinn gu tobair na fala a ghlanas o gach peacadh; agus tre ghràs gur ann a mheasadh Tu dhuinn fìreantachd choileanta do Mhic fhèin anns am bi dìon againn ga fhaighinn o uile agartasan do cheartais. 'S ann na fhìreantachd-san a-mhàin a tha Thu a' gabhail rinn tre chreideamh.

Tha sinn a' guidhe gun rachadh Facal glòrmhor an t-Soisgeil a-mach gu crìochan na talmhainn ann an cumhachd do Spioraid, chum na slòigh a tha fhathast ann an dorchadas agus an aineolas a' pheacaidh a shoillseachadh agus a shaoradh. Greas air an là anns am pill gach tìr riut, anns an gèill na slòigh do Chrìosd, an Tì sin as e Rìgh nan Rìgh agus Tighearna nan Tighearna. Gun robh a ghlòir-san a' lìonadh gach uile thìr.

Cuimhnich air an t-saoghal ann an aimsir carraid. Thoir dhuinn spiorad aithreachais fa chomhair ar cionta mar dhaoine agus mar rìoghachdan a tha a' fàsgadh breitheanais às do làimh tre ar lochdan. Am meadhan corraich cuimhnich tròcair. Maith dhuinn ar seacharain uile tre fhuil agus airidheachd Chrìosd, agus annsan bidh Tu air do ghlòrachadh gu sìorraidh. Amen.

Leughadh: Leabhar nan Salm: 25

Riutsa, a Thighearna, togaidh mi m' anam suas. Annadsa, mo Dhia, cuiridh mi mo dhòchas; na nàraichear mi, agus na dèanadh mo nàimhdean gàirdeachas os mo chionn. Seadh, na nàraichear neach sam bith a dh'fheitheas ortsa; biodh nàire orrasan a chiontaicheas gun adhbhar.

Nochd dhomh do shlighean, a Thighearna; teagaisg dhomh do cheuman. Treòraich mi ann ad fhìrinn agus teagaisg mi, oir is tusa Dia mo shlàinte, agus ortsa tha mi a' feitheamh gach là. Cuimhnich do chaomh-thròcairean, a Thighearna, agus do choibhneasan gràdhach, oir tha iad ann o chian nan cian. Peacaidhean m' òige agus m' easaontais na cuimhnich thusa; a rèir do thròcair bi-sa cuimhneachail orm, air sgàth do mhaitheis, a Thighearna.

Is math agus is dìreach an Tighearna; uime sin teagaisgidh e peacaich anns an t-slighe. Treòraichidh e na daoine ciùine ann am breitheanas, agus teagaisgidh e do na daoine ciùine a shlighe. Is tròcair agus firinn uile shlighean an Tighearna, dhaibhsan a ghleidheas a choicheangal agus a theisteis. Air sgàth d' ainme, a Thighearna, lagh mo chionta, oir tha e mòr. Cò e am fear air a bheil eagal an Tighearna? Seòlaidh e esan anns an t-slighe a roghnaicheas e. Nì a anam tàmh ann am math, agus mealaidh a shliochd an tìr. Tha rùn an Tighearna aig an dream don eagal e, agus foillsichidh e dhaibh a choicheangal. Tha mo shùilean a-ghnàth ris an Tighearna, oir bheir esan mo chasan as an lìon.

Amhairc orm, agus gabh truas dhìom, oir tha mi am aonar agus fo àmhghar. Tha teinn mo chridhe a' dol am meud; om àmhgharan saor thusa mi. Amhairc air m' àmhghar agus air mo phèin, agus lagh mo pheacaidhean gu lèir. Amhairc air mo nàimhdean, oir tha iad lìonmhor, agus le fuath anabarrach tha iad gam fhuathachadh. Glèidh m' anam, agus saor mi; na leig fo nàire mi, oir chuir mi mo dhòigh annad. Dìonadh ionracas agus ceartas mi, oir tha mi a' feitheamh ortsa. Saor Israel, a Dhè, as a àmhgharan uile.

Salm 72: 4-6 air an fhonn *Evan*:
Air daoine bochd a phobaill fòs
bheir esan breth gu ceart;
Is clann nan ainnis saoraidh e,
mìn-bhrisidh luchd ain-neairt.

Am feadh bhios grian is gealach ann,
freastal don là 's don oidhch',
Bidh d' eagal orrasan gu mòr,
o linn gu linn a-chaoidh.

Mar uisge air an fhaiche bhuaint',
is amhlaidh thig e nuas:
Mar fhrasan dh'uisgicheas am fonn,
is ionann sin a ghràs.

Leughadh: Ephèsianaich 2: 1-14

Agus sibhse bheothaich e, a bha marbh ann an euceartan agus ann am peacaidhean, anns an do ghluais sibh anns na h-amannan a chaidh seachad, a rèir gnàth an t-saoghail seo, a rèir uachdaran cumhachd an adhair, an spiorad a tha a-nis ag obrachadh ann an cloinn na h-eas-ùmhlachd, am measg an robh againn uile mar an ceudna ar caitheamh-beatha roimhe seo, ann an ana-miannan ar feòla, a' dèanamh toil na feòla agus nan smuaintean; agus bha sinn a-thaobh nàdair nar cloinn na feirge, eadhon mar chàch. Ach Dia, a tha saidhbhir ann an tròcair, airson a mhòr-ghràidh leis an do ghràdhaich e sinn, eadhon air dhuinn a bhith marbh ann am peacaidhean, cho-bheothaich e sinn maille ri Crìosd (le gràs tha sibh air ur teàrnadh), agus cho-thog agus cho-shuidhich e sinn ann an ionadan nèamhaidh ann an Iosa Crìosd, a-chum gum foillsicheadh e anns na linntean ri teachd saidhbhreas ro-phailt a ghràis, ann an coibhneas dar taobh-ne, tre Iosa Crìosd. Oir is ann le gràs a tha sibh air ur teàrnadh, tre chreideamh, agus sin chan uaibh fhèin; is e tiodhlac Dhè e. Chan ann o obraichean, a-chum nach dèanadh neach air bith uaill. Oir is sinne a obair-san, air ar cruthachadh ann an Iosa Crìosd a-chum dheagh obraichean, airson an d' ullaich Dia ro-làimh sinn, a-chum gun gluaiseamaid annta.

Uime sin cuimhnichibh, air dhuibh a bhith anns an aimsir a chaidh thairis nur Cinnich anns an fheòil, ris an abrar an neo-thimcheall-ghearradh leòsan den goirear an timcheall-ghearradh làmh-dhèante anns an fheòil, gun robh sibh anns an àm sin as eugmhais Chrìosd, nur coimhich do cho-fhlaitheachd Israeil, agus nur coigrich; as eugmhais dòchais, agus gun Dia anns an t-saoghal. Ach a-nis ann an Iosa Crìosd, tha sibhse a bha roimhe seo fad' o làimh air ur toirt am fagas tre fhuil Chrìosd. Oir is esan ar sìth-ne, a rinn aon dhinn araon, agus a bhris sìos balla meadhanach an eadar-dhealachaidh.

Ùrnaigh

Uile-Naoimh, ann am mòran nithean tha sinn a' teachd geàrr. Cò a thuigeas uile sheacharain? Tha an cridhe do-sheachnaichte aingidh; cò don aithne e? Chuir Thu ar peacaidh dhìomhair agus ar lochdan an sealladh d' aodainn. Glan sinn aig a' chridhe agus bho uile dhroch cleachdaidhean ar beatha. Thoir dhuinn gràs gu bhith dèanamh seirbheis dhut le urram agus eagal diadhaidh.

Tog suas, tha sinn a' guidhe, fianaisean air do thaobh anns an t-saoghal a bhios mar sholais a' deàlrachadh ann an ionad dorch. Tog suas mar an ceudna ann ad eaglais air an talamh daoine dìleas agus treun a rachadh a-mach ann an cumhachd do Spioraid gu bhith a' searmonachadh an t-Soisgeil na lànachd agus na ghlaine. Dòirt spiorad ùrnaigh air do shluagh fhèin, chum a bhith a' tagradh riut às leth d' adhbhair. Tog suas rìoghachd Chrìosd, agus thoir caitheamh às air cumhachdan an dorchadais air feadh na talmhainn.

Cuimhnich air na h-uile a tha tinn an corp no an inntinn. 'S minig a bheannaich Thu an trioblaid do dhaoine le bhith a' treòrachadh an aire o nithean tìmeil gu nithean sìorraidh. Beannaich do shluagh uile a tha a' fulang. Thoir dhaibh a bhith creidsinn an nì a tha sgrìobhte: gun do thagh Thu iad ann an àmhainn nan àmhghairean, agus a mheud agus as ionmhainn leat gu bheil Thu a' cronachadh agus a' smachdachadh.

Cuimhnich air a' mhuinntir a dh'fhiosraich Thu le bàs. Thoir dhaibh a bhith ag amharc ris an Tì sin a leanas nas dlùithe na bràthair air bith. Bi Thusa nad athair don dilleachdan, nad fhear-pòsta dhìse a tha nise leatha fhèin. Fhuair aon de do shluagh a bhith ag ràdh: "Nuair thrèigeas m' athair mi gu tur, 's mo mhàthair fòs fa-raon, do nì an Tighearna an sin mo thogail suas gu caoin."

Thoir dhuinn gràs aig an àm seo gu bhith 'g èisteachd agus a' gabhail rid Fhacal. Moladh dhut airson an fhoillseachaidh choileanta a th' againn sa Bhìoball air do nàdar, do shlighe, air d' àitheantan agus air do thoil. Gun robh sinn ag amharc anns an sgàthan seo air glòir an Tighearna.

Beannaich ar rìoghachd, ar Banrigh agus a comhairlichean uile. Thoir dhaibh a bhith riaghladh ann ad eagal mar dhaoine a dh'fheumas cunntas a thabhairt anns na cùisean cudromach a dh'earb Thu riutha. Beannaich d' eaglais a cheannaich Thu led fhuil. Tha bunait an Tighearna seasmhach air am beil an seula seo: "Is aithne don Tighearna an dream sin as leis, agus gach neach a tha ag ainmeachadh ainm an Tighearna, trèigeadh e eucoir."

Tha sinn ag iarraidh sin an ainm an aon Eadar-mheadhanair eadar Dia agus daoine, Ìosa Crìosd, anns am faigh Thu glòir gu saoghal nan saoghal. Amen.

Salm 86: 10-12 air an fhonn *Martyrdom*
Airson, a Dhè, gu bheil thu mòr,
's gun dèanar oibrean leat
Tha mìorbhaileach; 's tu fhèin a-mhàin
Dia cumhachdach nam feart.

Do shlighe teagaisg dhomh, a Dhia,
ad fhìrinn gluaisidh mi:
Chum eagal d' ainme gum biodh orm
mo chridhe druid riut fhèin.

Lem uile chrìdh' àrd-mholam thu,
O Thighearna mo Dhia:
Dod ainm ro-uasal bheir mi fòs
àrd-ghlòir air feadh gach ial.

An Searmon

Iob 19: 25 agus 27
"Oir tha fhios agam gu bheil m' fhear-saoraidh beò, agus mu dheireadh gun seas e air an talamh ...

Neach a chì mise air mo shon fhèin, agus air an amhairc mo shùilean-sa, agus chan e neach eile ..."

I

Tha e ra chreidsinn nach do dh'èirich creideamh aon de naoimh an t-Seann Tiomnaidh na b' àirde na creideamh Iob, mar a tha na briathran seo a' toirt am fradharc.

Nuair a chleachd e a' chainnt iongantach seo, bha a chorp agus anam a' fulang gu mòr fo throm-chudrom nan àmhghairean a cheadaich Dia a leagadh air na fhreastal. Bha gach cobhair air dealachadh ris, agus maille ris an t-Salmadair dh'fhaodadh e a ràdh:

"Dh'amhairc mi air mo dheis, is dh'fheuch,
's cha robh fear m' eòlais ann,
No neach dom anam bheireadh spèis:
thrèig cobhair mi san àm."

Ach anns an doimhne agus san tiugh-dhorchadas a bha ag iathadh mu bheatha dh'fhosgail Dia sùilean anama air cuspair anns an robh saorsa iomlan agus shìorraidh air a h-ullachadh dha. Dh'èirich solas dha. Thug Spiorad Dhè fa chomhair an Tì sin a bha air ullachadh le Dia mar Fhear-saoraidh a shluaigh.

Tha an taisbeanadh a fhuair e cho làn agus cho glòrmhor agus gun do mhiannaich e gum biodh e sgrìobhte air creagan na talmhainn. Ach tha cainnt Iob sgrìobhte ann an àite as feàrr: tha i againn ann am Facal neo-mhearachdach Dhè, agus bidh i sgrìobhte air cridheachan sluagh an Tighearna tron bhith-bhuantachd.

Tha e soilleir gur e Crìosd a bha aig Iob anns na briathran seo – an Tì sin a bha on uile shìorraidheachd an uchd an Athar agus mar Dhara Pearsa na Diadhachd a tha beò gu saoghal nan saoghal.

Air an làimh eile, seo an Tì, mar a tha am facal 'Fear-saoraidh' a' ciallachadh, a thàinig ann an dlùth-dhàimh ri daoine ann a bhith a' gabhail an nàdair thuige fhèin, chum nar nàdar gun tugadh E E fhèin suas gun lochd do Dhia airson ar peacaidhean. "Anns a bheil againn saorsa tre fhuil-san, maitheanas nam peacadh a rèir saidhbhreas a ghràis." Cha bu lugha na airidheachd beatha agus toillteanas bàis an Dia-Duine a b' urrainn làn-riarachadh a thoirt do cheartas Dhè às leth dhaoine. Chuir am peacadh eas-urram cho mòr air Dia agus nach gabhadh E riarachadh o neach na bu lugha na E fhèin. B' e seo an nì a bha air cùl dìomhaireachd mhòr na Diadhachd, gum feumadh Dia fhèin teachd anns an fheòil mun ruigeadh saorsa o chionta agus mallachd peacaidh air daoine. Am bàs sìorraidh sin a thoill sinne ghiùlain Crìosd na chorp fhèin air a' Chrann.

Is Fear-saoraidh Crìosd mar an ceudna bho na h-uireasbhaidhean iomlan spioradail sin a thàinig an lùib a' pheacaidh. Chruthaich Dia sinne ann an sòlas, fìreantachd agus naomhachd; ach an saidhbhreas sin uile dhealaich rinn an uair a thuit sin sa chiad Adhamh. Tha gràs Dhè ra fhaicinn ann a bhith 'g aiseag air ais dhuinn ann an Crìosd an t-saidhbhreis sin a chaill sin, agus tre fhìreantachd fhèin gar daingneachadh san t-seilbh sin gu sìorraidh. 'S e seo saidhbhreas Chrìosd nach faodar a rannsachadh. Tha am Bìoball mar sin ag ràdh: "Is aithne dhuibh gràs ar Tighearna Iosa Crìosd: ged a bha e saidhbhir, gidheadh gun do rinneadh bochd e air ur son-se, chum gum biodh sibhse saidhbhir tre a bhochdainn-san."

Is Fear-saoraidh e mar an ceudna o na trioblaidean dha bheil a shluagh fosgailte anns a' bheatha seo. Tha cuid a tha a' fulang nan cuirp; tha cuid eile brùite nan cridhe do bhrìgh nan nithean cruaidhe a leag Dia orra na fhreastal. "Anns an t-saoghal seo bithidh àmhghar agaibh." Bha Iob fhèin uaireigin a' dèanamh dealbh air cho socair agus a bha a bheatha anns an t-saoghal seo gu bhith. "Ann am nead," thuirt e, "gheibh mi bàs." Ach amhairc air a-nis agus an dealbh sin briste air cuibhle ghoirt an fhreastail. Bha a mhic's a nigheanan san uaigh, a mhaoin uile air falbh, agus, mar a shaoil leis, uabhasan Dhè gan cur fhèin an òrdugh catha na aghaidh.

Theagamh 's gu bheil cuid againn anns na h-uisgeachan làidir sin. Ma tha, amhairc thusa tre chreideamh air an Tì sin a tha a-mhàin comasach air do shaoradh. "Tha e beò gu sìorraidh chum eadar-ghuidhe a dhèanamh air ur son." Is e an Tì a thuirt: "Is leòr mo ghràs-sa dhut; tha mo chumhachd air a dhèanamh foirfe ann an anfhainneachd."

Tha buaidh, aiseirigh agus àrdachadh Chrìosd nan eàrlais air saorsa ghlòrmhor a phobaill o gach peacadh, bàs agus truaighe a leanas iad sa bheatha seo. "Do bhrìgh gu bheil mise beò, bidh sibhse beò mar an ceudna." "Ach saorar Israel anns an Tighearna le saorsa shìorraidh."

II

Ach seall a-nis air an aithne a fhuair Iob air Crìosd mar Fhear-saoraidh pearsanta da anam. "Tha *fhios* agam gu bheil e beò." Cha b' e aithne eachdraidh, no eòlas beul-aithris, no eadhon solas fuar na h-inntinn, a bha aig Iob air Crìosd. 'S e a bh' ann ach eòlas slàinteil fèin-fhiosrachail nach b' urrainn ach Dia fhèin a thoirt dha. Mar nach fhaigh neach eòlas air an Athair ach tren Mhac, mar sin cha ruig sinn air eòlas air a' Mhac ach tren Athair. Nuair a dh'aidich Peadar Crìosd mar aon Mhac sìorraidh Dhè, thuirt E ris: "Is beannaichte thusa, a Shìmoin Bhar-Iònaidh, oir cha do dh'fhoillsich fuil agus feòil sin dhutsa ach m' Athair-sa a ta air Nèamh." Tha an t-eòlas iongantach seo air a bhuileachadh le Spiorad an Tighearna air uile chloinn na h-ath-bhreith. Thug Crìosd buidheachas don Athair airson, ged a tha glòir nithean *spioradail* falaichte air daoine glice an t-saoghail seo, gun robh i air a foillseachadh da chloinn fhèin. "Fhuair sinne aithne air, agus chreid sinn an gràdh a bha aig Dia dhuinn."

Tha an t-eòlas seo a' filleadh a-staigh ann an co-chomann ri Crìosd. Mar nach urrainn dhuinn fior eòlas a bhith againn air daoine eadar-dhealaichte gun a bhith gu minig nan cuideachd, mar sin tha aithne air Crìosd a' sruthadh o cho-chomann spioradail ris. "Ghluais Enoch maille ri Dia." Tha esan na chompanach cridhe agus slighe aca, on a tha e a' gabhail còmhnaidh nan cridhe tre chreideamh.

Theagamh 's gu bheil cuimhne agad fhèin air àm anns an tàinig thu le eallach trom do pheacaidh gu Crìosd aig cathair gràis, agus anns an d' fhuair thu aithne air mar d' Fhear-saoraidh. Bhlais thu san àm sin air saorsa ghlòrmhor clann Dhè. 'S beannaichte iad aig am beil sin, oir tha an gealladh aca gum bi an slighe "mar an solas deàlrach, a dheàlraicheas nas motha agus nas motha gu ruig an là iomlan".

III

Amhairc mar an ceudna air an *dòchas* a tha a' sruthadh on eòlas seo. "Neach a chì mise air mo shon fhèin." Chunnaic Iob latha Chrìosd agus rinn e gàirdeachas. Ged a sheas Crìosd air an talamh a-cheana, tha na briathran seo gu sònraichte air an ceangal ri glòir a dhara teachd. "Oir dhaibhsan aig a bheil dùil ris foillsichear e an dara h-uair as eugmhais peacaidh chum slàinte." Air an làimh eile, chaidh an dòchas seo a choileanadh do Iob air latha a bhàis.

Tha am Bìoball a' teagasg gum beil anam an fhìrein aig a bhàs a' dol air ball a-steach do ghlòir. Anns an Aiseirigh, bidh cuirp nan naomh mar an ceudna air an togail le cumhachd Dhè gu beatha agus neo-bhàsmhorachd. Ann an sin, sgeadaichte le aoibhneas sìorraidh, chì iad E na nàdar fhèin air àrdachadh aig deas-làimh na Mòrachd. San latha sin bidh saorsa a shluaigh iomlan. Thuirt Dàibhidh: "Air mo shon-sa, ann am fìreantachd chì mi do ghnùis: sàsaichear mi nuair a dhùisgeas mi led choslas."

Tha sinn beò ann an aimsir nas cunnartaiche na bha riamh an eachdraidh an t-saoghail. Tha "cridheachan dhaoine gan trèigsinn tre eagal, agus feitheamh nan nithean sin a tha teachd air an domhan". Tha facal fàidheadaireachd Dhè a' nochdadh gum beil àmhghairean mòra faisg air rìoghachdan an t-saoghail seo. Chan eil ann ach aon ionad-falaich, aon chuspair anns am beil dìon dhuinn o thruaighean aimsireil agus sìorraidh. "Bidh duine na ionad-fasgaidh on ghaoith, 's na dhìdean on doineann." 'S math dhaibhsan aig am beil an dòchas math seo mar acair an anama air carraig nan àl.

Tha Crìosd mar Fhear-saoraidh neo-chrìochnach gràsmhor. Tha E ag ràdh rinn uile: "Thigibh am ionnsaigh-sa sibhse uile a tha ri saothair agus fo throm-uallach, agus bheir mise suaimhneas dhuibh." Tre ghràs Dhè faodaidh tu fhèin agus mi fhèin – eadhon aig a' mhionaid seo – ar beatha a thoirt suas dha, agus roghainn a dhèanamh dheth mar ar cuibhreann 's ar Fear-saoraidh gu bràth. Ann an sin bhiodh dànachd againn a ràdh maille ri a shluagh:

"Is leinn an Dia tha làidir treun,
nì cobhair anns gach càs:
Do Dhia Iehòbhah buinidh fòs
làn-teasairginn on bhàs."

Ùrnaigh

Salm 34: 3-7 air an fhonn *Stornoway*
Ardaichibh leamsa Dia nam feart,
molamaid ainm le chèil':
Dh'iarr mise Dia, chual' e, is bhuin
mi as gach gàbhadh geur.

Dh'amhairc iad air, is dheàlraich iad,
gun nàire air an gruaidh.
Do ghlaodh am bochd, is dh'èist ris Dia,
is dh'fhuasgail as gach truaigh.

Tha aingeal Dhè a' campachadh
mun dream don eagal e,
Gam fuasgladh is gan teasairginn
on trioblaidean gu lèir.

Am Beannachadh

Nise, gun robh gràs ar Tighearn' Ìosa Crìosd, gràdh sìorraidh Dhè an t-Athair agus co-chomann sòlasach an Spioraid Naoimh maille ribh uile, o seo a-mach agus gu bràth. Amen.

Gaelic Service

Broadcast on 24th February 1957

Psalm 65: 1-5 to the tune *Kilmarnock*:
Praise waits for thee in Sion, Lord,
to thee vows paid shall be.
O thou that hearer art of prayer,
all flesh shall come to thee.

Iniquities, I must confess,
prevail against me do;
But as for our transgressions,
them purge away shalt thou.

Bless'd is the man whom thou dost chuse
and mak'st approach to thee,
That he within thy courts, O Lord,
may still a dweller be.

We surely shall be satisfied
with thy abundant grace,
And with the fatness of thy house,
even of thy holy place.

Prayer

    Gracious God, thou art the one who art glorious in holiness, fearful in praises, doing wonders. From everlasting to everlasting thou art God. Thou hast created us perfect, but we have fallen away from thy will, and as a consequence we are all exposed to temporal and eternal miseries.

    We praise thee for the way thou hast opened in Christ to save sinners from the wages of sin, which is death. He is the one who poured out his soul unto death so that mercy might reach us. He came into the world to save sinners. It is through his blood that thou dost reconcile a fallen world to thyself.

We pray that at this time thou wouldst send forth thy Spirit as the Spirit of awakening and renewal, so that we who are by nature dead in trespasses and sins might be raised up by his glorious power from the gates of sin and death.

It is the Spirit alone who gives life; the flesh profiteth nothing. Make of us a willing people in the day of thy power.

Grant to us a true feeling and awareness in our heart and conscience that we are all as an unclean thing, and that all our righteousnesses are as filthy rags, so that we may come to the fountain of blood that cleanses from every sin; so that by grace thou wouldst impute to us the perfect righteousness of thine own Son, in whom we can find protection from all the demands of thy justice. It is in his righteousness alone that thou dost accept us through faith.

We pray that the glorious Word of the Gospel might go out to the ends of the earth in the power of thy Spirit, so that the peoples who are still in the darkness and ignorance of sin might be illumined and saved. Hasten the day when all lands shall return to thee, when the peoples shall yield to Christ, the one who is King of Kings and Lord of Lords. May the whole earth be filled with his glory.

Remember the world in a time of turmoil. Grant to us a spirit of repentance for our sins, both as people and as nations who wrest judgment from thine hands through our transgressions. In the midst of wrath remember mercy. Forgive us all our wanderings through the blood and worthiness of Christ. And in him thou shalt be glorified for ever. Amen.

Reading: The Book of Psalms: 25

Unto thee, O Lord, do I lift up my soul. O my God, I trust in thee: let me not be ashamed, let not mine enemies triumph over me. Yea, let none that wait on thee be ashamed: let them be ashamed which transgress without cause.

Shew me thy ways, O Lord; teach me thy paths. Lead me in thy truth, and teach me: for thou art the God of my salvation; on thee do I wait all the day. Remember, O Lord, thy tender mercies and thy loving-kindnesses; for they have been ever of old. Remember not the sins of my youth, nor my transgressions: according to thy mercy remember thou me for thy goodness' sake, O Lord.

Good and upright is the Lord: therefore will he teach sinners in the way. The meek will he guide in judgment: and the meek will he teach his way. All the paths of the Lord are mercy and truth unto such as keep his covenant and his testimonies. For thy name's sake, O Lord, pardon mine iniquity; for it is great. What man is he that feareth the Lord? him shall he teach in the way that he shall choose. His soul shall dwell at ease; and his seed shall inherit the earth. The secret of the Lord is with them that fear him; and he will shew them his covenant. Mine eyes are ever toward the Lord; for he shall pluck my feet out of the net.

Turn thee unto me, and have mercy upon me; for I am desolate and afflicted. The troubles of my heart are enlarged: O bring thou me out of my distresses. Look upon mine affliction and my pain; and forgive all my sins. Consider mine enemies; for they are many; and they hate me with cruel hatred. O keep my soul, and deliver me: let me not be ashamed; for I put my trust in thee. Let integrity and uprightness preserve me; for I wait on thee. Redeem Israel, O God, out of all his troubles.

Psalm 72: 4-6 to the tune *Evan*
The people's poor ones he shall judge,
the needy's children save;
And those shall he in pieces break
who them oppressed have.

They shall thee fear, while sun and moon
do last, through ages all.
Like rain on mown grass he shall drop,
or showers on earth that fall.

Reading: Ephesians 2: 1-14
And you hath he quickened, who were dead in trespasses and sins; wherein in time past ye walked according to the course of this world, according to the prince of the power of the air, the spirit that now worketh in the children of disobedience: among whom also we all had our conversation in times past in the lusts of our flesh, fulfilling the desires of the flesh and of the mind; and were by nature children of wrath even as others.

But God, who is rich in mercy, for his great love wherewith he loved us, even when we were dead in sins, hath quickened us together with Christ (by grace ye are saved) and hath raised us up together, and made us sit together in heavenly places in Christ Jesus: that in the ages to come he might shew the exceeding riches of his grace in his kindness toward us through Christ Jesus. For by grace are ye saved through faith; and that not of yourselves: it is the gift of God: not of works, lest any man should boast. For we are his workmanship, created in Christ Jesus unto good works, which God hath before ordained that we should walk in them.

Wherefore remember, that ye being in time past Gentiles in the flesh, who are called Uncircumcision by that which is called the Circumcision in the flesh made by hands; that at that time ye were without Christ, being aliens from the commonwealth of Israel, and strangers from the covenants of promise, having no hope, and without God in the world: but now in Christ Jesus ye who sometimes were far off are made nigh by the blood of Christ. For he is our peace, who hath made both one, and hath broken down the middle wall of partition between us.

Prayer

Most Holy One, in many things we fall short. Who can understand all his errors? The heart is deceitful above all things; who can know it? Thou hast set our secret sins and our faults in the light of thy countenance. Cleanse us in heart, and purify us from all the evil practices of our lives. Grant us grace that we may serve thee with reverence and godly fear.

We pray that thou wouldst raise up witnesses for thyself in the world, who would be like lights shining in a dark place. Do thou likewise raise up in thy church on earth faithful and stalwart men who would go forth in the power of thy Spirit to preach the Gospel in its fullness and purity. Pour out the spirit of prayer on thine own people, so that they may plead with thee for the sake of thy cause. Build up the kingdom of Christ and dispel the powers of darkness throughout the earth.

Remember all those who are unwell in body or mind. Thou hast often blessed people through affliction, directing their minds away from temporal to eternal things. Bless all thy suffering people. Enable them to believe what is written: that thou hast chosen them in the furnace of affliction, and that thou dost rebuke and chasten those whom thou lovest.

Remember those to whom thou hast brought bereavement. Enable them to look to the One who sticketh closer than any brother. Be thou a father to the orphan and a husband to her who is now alone. One of thy children was able to say: "When my father and mother forsake me, then the Lord will lift me up."

Give us grace at this time to hear and receive thy Word. Praise be to thee for the perfect revelation we have in the Bible of thy nature, thy ways, thy commandments and thy will. May we behold in this mirror the glory of the Lord.

Bless our nation, our Queen and all her counsellors. Enable them to govern in thy fear as men who must give an account of the important matters thou hast entrusted to them. Bless thy church which thou hast purchased with thy blood. The foundation of the Lord standeth sure, having this seal: "The Lord knoweth them that are his" and "Let him that nameth the name of the Lord depart from iniquity".

This we ask in the name of the one Mediator between God and men, Jesus Christ, in whom thou shalt receive glory for ever and ever. Amen.

Psalm 86: 10-12 to the tune *Martyrdom*
Because thou art exceeding great,
and works by thee are done
Which are to be admired; and thou
art God thyself alone.

Teach me thy way, and in thy truth,
O Lord, then walk will I;
Unite my heart, that I thy name
may fear continually.

O Lord my God, with all my heart
to thee I will give praise;
And I the glory will ascribe
unto thy name always.

The Sermon

Job 19: 25 and 27
"For I know that my redeemer liveth, and that he shall stand at the latter day upon the earth ...

Whom I shall see for myself, and mine eyes shall behold, and not another."

I

We can believe that the faith of none of the Old Testament saints rose higher than that of Job, as these words make plain.

When he used this wonderful language, his body and soul were suffering grievously under the heavy weight of afflictions which God in his providence had allowed to fall on him. Every help had forsaken him, and along with the Psalmist he could say:

"I looked on my right hand, and beheld, and there was no man that would know me: refuge failed me."

But in the depths and the thick darkness that encompassed his life, God opened the eyes of his soul to see One in whom total and everlasting deliverance was provided for him. A light arose for him. The Spirit of God brought into view the One who had been prepared by God as the Saviour of his people.

The revelation he received is so full and glorious that he wished it to be written on the rocks of the earth. But Job's words are written in a better place: they are preserved in God's infallible Word, and will be written on the hearts of God's people for all eternity.

It is clear that Job's words refer to Christ – the One who from all eternity was in the bosom of the Father as the Second Person of the Trinity who lives for ever and ever.

On the other hand, as the word 'Saviour' indicates, this is the One who entered into a close bond with humankind in taking their nature upon himself, so that in our nature he might offer himself without blemish to God for our sins. "In whom we have redemption through his blood, the forgiveness of sins." Nothing less than the merit of the life and the efficacy of the death of the God-Man could fully satisfy God's justice on behalf of men. Sin had so greatly offended God that satisfaction could not be made by anyone less than himself. This is what lay behind the great mystery of godliness, that God himself had to come in the flesh before freedom from the guilt and curse of sin could reach the human race. Christ endured in his own body on the Cross the eternal death that we deserved.

Christ is also a Saviour from all the spiritual shortcomings that came in the wake of sin. God created us in happiness, righteousness and holiness; but we lost all that wealth when we fell in the first Adam. The grace of God is seen in restoring to us that richness which we lost, and through his own righteousness securing us in that possession for ever. These are the unsearchable riches of Christ. Thus the Bible says: "Ye know the grace of our Lord Jesus Christ, that, though he was rich, yet for your sakes he became poor, that ye through his poverty might be rich."

He is also a Saviour from the afflictions to which his people are exposed in this life. Some suffer in their bodies; others are bruised in their hearts through the hard things God has sent to them in his providence. "In this world ye shall have tribulation." At one time, Job himself imagined how comfortable his life in this world would be. He said: "I shall die in my nest." But see him now with that picture broken on the painful wheel of providence. His sons and daughters are in the grave, his wealth is all gone, and, as it seemed to him, the terrors of God were arrayed in battle order against him.

Perhaps some of us find ourselves in these strongly swirling waters. If so, then look by faith to the One who alone is able to save you. "He ever liveth to make intercession for you." He is the One who has said: "My grace is sufficient for thee: for my strength is made perfect in weakness."

The victory, resurrection and ascension of Christ are the guarantee of the glorious liberation of his people from all the sin, death and misery that stalk them in this life. "Because I live, ye shall live also." "But Israel shall be saved in the Lord with an everlasting salvation."

II

Observe now the knowledge Job had gained of Christ as a personal Saviour for his soul. "I *know* that he liveth." The knowledge Job had of Christ was no mere historical knowledge, or knowledge by tradition, nor even the cold knowledge of the mind. Rather, it was a saving, experiential knowledge, that only God himself could give him. Just as a person cannot get to know the Father except through the Son, so we cannot get to know the Son except through the Father. When Peter confessed Christ as the one eternal Son of God, Christ said to him: "Blessed art thou, Simon Bar-jona: for flesh and blood hath not revealed it unto thee, but my Father which is in heaven." This wonderful knowledge is bestowed by the Spirit of God on all the children of the new birth. Christ gave thanks to the Father that, though the glory of spiritual things was hidden from the wise men of this world, it was revealed to his own children. "We have known and believed the love that God hath to us."

This knowledge embraces fellowship with Christ. Just as we cannot gain true knowledge of people unless we are frequently in their company, so knowledge of Christ flows from spiritual communion with him. "Enoch walked with God." Christ is his people's companion both in their inmost heart and in their outward walk, because he dwells in their heart by faith.

Perhaps you remember the time you came to Christ at the throne of grace with the heavy load of your sin, and you got to know him as your Saviour. You tasted then the glorious freedom of the children of God. Blessed are those who have that, for they have the promise that their path will be "as the shining light, that shineth more and more unto the perfect day".

III

Observe also the *hope* that streams from this knowledge. "Whom I shall see for myself." Job saw the day of Christ and rejoiced. Though Christ has already stood on the earth, these words are particularly linked to the glory of his second coming. "Unto them that look for him shall he appear the second time without sin unto salvation." On the other hand, this hope was fulfilled for Job on the day of his death.

The Bible teaches that, at death, the soul of the righteous immediately enters glory. At the resurrection, the bodies of the saints will likewise be raised to life and immortality by the power of God. Then, clothed in everlasting joy, they will see Christ in his own true nature exalted at the right hand of the Majesty on high. On that day the salvation of his people will be complete. David said: "As for me, I will behold thy face in righteousness: I shall be satisfied, when I awake, with thy likeness."

We live in a more perilous time than ever in the history of the world. "The hearts of people fail them for fear, as they anticipate the things that will come on the earth." God's word of prophecy reveals that great tribulations will shortly come upon the kingdoms of this world. There is only one hiding-place, one Person in whom we can find shelter from temporal and eternal miseries. "A man shall be as an hiding-place from the wind, and a covert from the tempest." Happy are they who have this good hope as the anchor of their soul lodged in the rock of ages.

Christ is the infinitely gracious Saviour. He says to all of us: "Come unto me, all ye that are weary and heavy laden, and I will give you rest." By the grace of God, you and I can, at this very moment, yield our life to him, and choose him as our portion and our Saviour for ever. Then we will have the boldness to say, along with his people:

"He of salvation is the God,
who is our God most strong;
And unto God the Lord from death
The issues do belong."

Prayer

Psalm 34: 3-7 to the tune *Stornoway*
Extol the Lord with me, let us
exalt his name together.
I sought the Lord, he heard, and did
me from all fears deliver.

They looked to him, and lightened were:
not shamed were their faces.
This poor man cried, God heard, and saved
him from all his distresses.

The angel of the Lord encamps,
and round encompasseth
All those about that do him fear,
and them delivereth.

The Benediction
    Now may the grace of our Lord Jesus Christ, the eternal love of God the Father and the joyful communion of the Holy Ghost be with you all, now and forever. Amen.

Na Mhodaràtair
Moderator

Breithneachadh

San là a th' ann, tha sinn buailteach a bhith smaoineachadh gur fheàrr brìgh na bàrdachd a chur an cèill le tomhas de shaorsa a thaobh cruth is briathrachais. Anns an nòs a b' aosta, ge-tà, bhathar a' meas nach ruigte àrd-inbhe bàrdachd às aonais bhriathran gnàthasach agus meadrachd theann. Mar sin, bhathar a' cur luach air ruitheam rèidh, cainnt shamhlachail agus rannaigheachd riaghailteach, is dearmad ga dhèanamh air luach sònraichteachd. Bhiodh boireannach maiseach, mar eisimpleir, ga moladh airson 'bilean mar chàrnaid' is craiceann 'geal mar an canach' agus mar sin air adhart, ann an rannan a bhiodh siùbhlach, leis gach buille far am biodh dùil ris. Anns a' Ghàidhlig, bhiodh a' bhàrdachd air a grèiseadh le còrdaidhean eadar na lideachan aig deireadh agus am broinn nan sreathan, agus eadar deireadh na h-aon sreath is meadhon na h-ath tè ('aicill'), agus air àireamh dhòighean eile a bha dualach do gach bàrd a chleachdadh (faic 'Facal bhon Eadar-theangair'). Bha m' athair, Murchadh Caimbeul, na oighre air an dualchas seo.

Eadhon anns an eadar-theangachadh tha a' chainnt fhuaimneach, an sìneadh sna dùnaidhean agus buillean làidir na meadrachd ann an 'Àm Mo Chiad Ghràidh', a' fàgail riaghailteachd, stàitealachd agus loinn àrsaidh sàn dàn: 'Nam faighinn-s' air inns' mun t-sìth bh' aig m' anam/ Is mìlseachd comann do ghràidh,/ Gun cuirinn e 'n cèill le eud gun mhaille ...' Gu dearbh, tha an dàn 'Jehovah Shalome' sa Bheurla a' toirt nar cuimhne na thoiseach sìmplidheachd, innleachd thùsail is cinnteachd abairtean John Donne san t-seachdamh linn deug: 'Undone by my slain hope, I pined ...'

'S e creideamh, chan e bòidhchead, a tha a' saoradh; is faodaidh bòidhchead olc fhalach. San fharsaingeachd, bhiodh esan a' cur fìrinn Dhè agus brìgh na h-ealain, creideamh agus grinneas ealanta, an aghaidh a chèile, a' cromadh fa chomhair Dhè, ach chan ann mar chuspair ficseanach a bhiodh e feumail a chumail san amharc. Ach air a shon sin, bha e ag aithneachadh an àite a bh' aig meatafor (aon seòrsa de chainnt ealain) ann a bhith a' cur fìrinn a' chreideimh an cèill, oir chan urrainn dhuinn mar dhaoine bruidhinn air Dia a tha cho àrd thar ar breithneachaidh às aonais shamhlaidhean. A chionn 's gu bheil Dia neo-fhaicsinneach, chan eil dòigh air iomradh a dhèanamh air aig ìre rosg lom, no air a shealltainn mar ann an sgàthan. An àite sin, tha am Bìoball a' cleachdadh shamhlaidhean, leithid 'athair' no 'sgiath', agus briathran paradocsach mar 'Dia anns an fheòil' no 'gràdhaichibh ur nàimhdean'. Bho shealladh litireil, mar eisimpleir, tha e soilleir nach eil e fìor gur sgiath Dia, ged a bhios ceist air duine ciamar a dhlighichear samhlaidhean mar sin no a chumar smachd orra. Gidheadh, feumaidh iad a bhith an crochadh air diofar dhòighean mothachaidh a' chinne-daonna, agus mar sin tha iad a' falach urad is a tha iad a' foillseachadh mu nàdar Dhè. Faodaidh sinn cuspair talmhaidh fhaicinn is a thomhas, a làimhseachadh is a chothromachadh, seasamh air ais bhuaithe agus cunntas a thoirt air, ach chan urrainn dhuinn seasamh air ais bho Dhia anns an dòigh seo. Tha a làthaireachd a' coinneachadh ris a' chreidmheach mar thachartas spioradail, gun a thighinn thuige tro na ceudfaithean, agus mar sin chan eil dòigh air a thomhas no a chur ann am briathran. Aig an ìre as fheàrr, chan eil againn ach beagan tuigse air an 'fhìrinn' a tha tighinn thugainn tro na samhlaidhean seo agus air a' mhothachadh seo air làthaireachd Dhè.

Tha Aidmheil a' Chreideimh, ris an robh m' athair a' cur aonta, a' teagasg gu bheil tomhas de mhothachadh air Dia anns a h-uile duine. Bhiodh sin a' ciallachadh (agus tha cuid a chuireadh teagamh an seo) nach urrainn do dhuine sam bith a ràdh gu h-onarach nach eil e a' creidsinn ann an Dia. Tha gu bheil daoine ann aig nach eil, a rèir coltais, mothachadh sam bith air beatha a' chreideimh a' cur an uallaich air creidmhich, ga chur mar sin, a' chùis a dhearbhadh (agus aig a' cheart àm gam bacadh on dleastanas seo a choileanadh). Ma ghabhas tu ris gu bheil creideamh ann an da-rìribh aig cuid, chan urrainn dhut a bhith a' sìor àicheadh gu bheil Dia ann, ach feumaidh tu gabhail ris a rèir am facail-san, bho shealladh neach nach eil ach a' coimhead bhon taobh a-muigh. Le dleastanas a thaobh do bheachdan fhèin, ge-tà, bho shealladh cuideigin a tha an lùib a' ghnothaich, faodaidh tu cainnt creideimh a mheasadh agus tighinn gu co-dhùnadh nach eil brìgh sam bith innte dhutsa. Mar sin, chan urrainn dhut (gu ciallach), ge brith gum bu mhiann leat, gabhail ri creideamh ann an Dia, eas-creideamh no cion cinnt. Tha beàrn air tighinn anns a' chonaltradh eadar thu fhèin is iadsan dha bheil brìgh ann an creideamh.

Mar sin, tha a' chùis eadar-dhealaichte dhaibhsan. Ma tha gràs a' tighinn thugainn bhon taobh a-muigh, mar gum bitheadh, chan eil smaoineasan leithid tròcair Dhè a-mhàin nan rudan a roghnaichear a chreidsinn ach mar rudan a tha ann ann an da-rìribh. Tha seo a' fàgail, mar aon rud, gu bheil creideamh dhan neach a chreideas na bhunait eòlais, mar a tha a' chuimhne, loidsig, moraltachd no mothachadh tro na ceudfaithean. Chan eil dòigh-smaoineachaidh ann nas bunaitiche na mothachadh a bheir dearbhadh neo-eisimeileach gu bheil an saoghal dha bheil thu a' mothachadh dha-rìribh ann, no seach a' chuimhne a b' urrainn a dhearbhadh gu bheil na chuimhnicheas tu air fìor, no seach creideamh a b' urrainn a shealltainn gu bheil (no nach eil) Dia ann. Chan e a th' ann an creideamh, mar eisimpleir, modh mothachaidh a bheir fianais lag, mar nach robh anns a' Bhìoball ach leabhar-eòlaidheachd a fhuaireadh easbhaidheach, agus nach robh ann an Dia ach beachd-smuain a dh'fhàillig. Their cuid nach e 'dìreach gu bheil fios againn' gu bheil murt, breugan is eile ceàrr a tha cunntadh ach gu bheil na shruthas asta na fhianais gu bheil. Mar fhreagairt, theirear gum faod na shruthas asta a bhith math no dona, is nach eil sin a' toirt bunait neo-mhoralta do mhoraltachd. Air mhodh rudeigin coltach ri sin, dh'fhaodadh fianais bho eachdraidh, mar eisimpleir, buntainn do chreideamh, ach chan eil sin a' toirt bunait dha nach buin do chràbhadh. Gidheadh, tha mothachadh na dhòigh air firinn a mheas nar beatha chumanta is anns na saidheansan, agus mar sin na dhòigh air eas-aonta a rèiteach anns an raointean sin: chan eil coltas gu bheil a leithid anns a bheil feum ri fhaighinn ann am moraltachd no ann an creideamh.

Tha creideamh ann an Dia a' cruth-atharrachadh an t-seallaidh a tha aig creidmheach air an t-saoghal car mar a tha prosbaig a' co-thàthadh dà ìomhaigh dhà-sheallach gu aon ìomhaigh thrì-sheallach. Ach 's dòcha nach eil an seo ach freagairtean eadar-dhealaichte do dh'aon fhaireachdainn mhì-chinnteach a thaobh nàdair no moraltachd, mar a tha uamhann. Tha mì-chinnt eile nach eil, 's dòcha, dìreach na tuiteamas: 's e sin nach gabh am math a theagasg no a mhìneachadh, mar gum biodh na tha gun òrdachadh air a thoirmeasg. Air do ghluasad le gràdh mar an Samaratanach, tha thu a' coinneachadh gu cruthachail ri feuman muinntir eile, a' dèanamh rud sam bith a tha thu creidsinn a tha ceart fhad 's nach dèanar cron. An seo tha gràdh co-ionann air do choimhearsnach is ort fhèin a' ciallachadh saorsa bho thoil air thuairmeas is fhèineil, mar a mheall Iàcob athair gus àite a bhràthar a ghlacadh. Bha m' athair ga fhaicinn fhèin na b' fhaisge air Iàcob (a-mach bho a mhealltaireachd agus fhèinealachd) na air duine sam bith eile san t-Seann Tiomnadh, a' gleac ri Dia airson a bheannachd agus a' mealtainn a làthaireachd air an t-slighe.

Tha cron a dhèanamh air neach sam bith aig an aon àm na pheacadh an aghaidh Dè a tha naomh, ach chan e an aon rud a th' ann a bhith math gu moralta is eòlas a bhith agad airsan, is faodaidh tu a bhith air seachran mar chaora chaillte, air do shireadh nas dèine na tha thu a' sireadh. 'S e mathanas a thoirt dha chèile aon de thiodhlacan a' Bhìobaill dhan chinne-daonna, agus 's e tha air cùl sin gealladh Dhè na nì aithreachas a mhathadh is a dhèanamh rèidh ris fhèin. Tha earbsa sa ghealladh seo a' dùsgadh dòchais gun saorar thu bho chasaid dhligheach is bho pheanas. Tha na dàin seo a' cur thairis le taingealachd gun do bhàsaich Crìosd airson ar peacaidhean, agus le sòlas na ghràdh. Dhan ùghdar chan eil gràdh ann ri choimeas ris: shaothraich esan airson gun cuireadh feadhainn eile eòlas air dhaib' fhèin, is mar sin gum biodh gràdh a' riaghladh.

D. C.

An Appreciation

Today we are apt to assume that poetic meaning is often best attained by freedom in form and diction. Some belonging to an earlier tradition, however, felt that you could not reach a properly poetic level without lapidary figurative expressions and structured verse forms. Thus they came to admire predictable rhythm, cliché and stereotype, overlooking the truth to be found in particularity. A beautiful woman, for example, had to have 'ruby lips' and 'lily-white hands' extolled in rigidly rhyming couplets and regular *rum-ti-tum* rhythm. Gaelic music in contrast deploys a wealth of intriguing rhythms, and even in standard formats Gaelic poetry is enriched by technical devices such as internal rhyme. (See also 'A Word from the Translator'.) Murdoch Campbell took this earlier tradition as his point of departure. Even in translation the resounding diction, lengthened cadences and emphatic metrical stresses of 'The Time of My First Love', for example, give it an archaic formality, dignity and grace: 'If I were able to tell of the peace my soul possessed/and the sweet fellowship of your love,/ I would express them with a passionate eagerness ...' Indeed his English 'Jehovah Shalome' is reminiscent of John Donne's sub-Jacobean simplicity, originality and inevitability of phrasing: 'Undone by my slain hope, I pined ...'

Faith, not beauty, is redemptive; and beauty can mask evil. More widely, he contrasted religious truth with aesthetic meaning and faith with art, deferring to God but not as to a useful fiction. Yet he recognised the role of metaphor (one sort of aesthetic meaning) in presenting such truth, given limits to what we humans can say literally about a transcendent God. God cannot be seen or represented or, therefore, described in plain prose; instead the Bible makes use of metaphors such as 'father' and 'shield', and paradoxes such as 'God incarnate' and 'love your enemies'. Taken literally, the claim that God is a shield for instance is plainly false; though one wonders how such metaphors are validated and controlled. They necessarily rely however on the various forms of human perception, and so must conceal as much as they reveal of God's nature. Seeing and measuring a material thing, for example, or touching and weighing it, will let us stand back, quantify and then perhaps define it; but we cannot stand back from God in this way. His presence when it occurs to a believer is immediate, not mediated by the senses, and so cannot be measured, quantified or defined. We can understand only to a very limited extent at best the 'truth' we gain through these metaphors and this sense of God's presence.

The Confession of Faith which my father accepted assumes that everyone has an innate sense of divinity. This might suggest, somewhat implausibly, that you cannot honestly deny that you believe in God. Indeed, that some have no apparent feeling for religion puts the burden of proof, so to speak, on believers (while preventing their meeting this obligation). So long as you credit some with genuine faith you cannot consistently deny that God exists, but take their word for it, from the second-hand view of a spectator. As responsible for your beliefs, however, from the first-hand stance of an agent, you may interrogate religious talk and find that, at least for your part, it signifies nothing. In that case, with the best will in the world, you cannot (logically cannot) affirm either theism, atheism or agnosticism. A gap in communication opens between you and those for whom religion has meaning.

Their case is therefore different. If grace comes from outside us, as it were, tenets such as Divine mercy are not merely chosen commitments but reflect fact. One thing this means is that, to a believer, faith is a basis of knowledge, like memory, logic, morality, or sense-perception. There is no stance more basic than perception which could provide independent evidence that the world you perceive is real, or outside memory which could prove that what you remember is real, or beyond faith which could show that God is (or is not) real. Faith is not, for example, a form of perception yielding weak evidence, as though the Bible were merely outmoded science and God a failed hypothesis. Some argue that we do not 'just know' that murder, lying and so on are wrong but that the consequences provide evidence. In reply, consequences may be good or bad, and so do not give morality a non-moral basis. Somewhat similarly, historical evidence for instance may be relevant to faith but does not give it a non-religious basis. However, perception is a test of truth in ordinary experience and the sciences, and thus a means of resolving disagreements in these fields; there seem to be no satisfactory equivalents in morality and religion.

Faith transforms the world for a believer somewhat as binoculars combine two-dimensional images to form a three-dimensional image. Yet to each side, the other can seem blind. Perhaps however these are contrasting responses to one ambivalent emotion concerning nature and morality, such as awe. A further indeterminacy may then be more than coincidental, namely, that goodness cannot be taught or defined, as though what is not commanded is forbidden. Motivated by love like the Good Samaritan, you respond creatively to others' need, doing whatever you believe is right without causing harm. Here equal love for your neighbour and yourself implies freedom from both arbitrary and self-centred will, as Jacob for instance supplanted his brother; though my father felt nearer Jacob, his deceit and egotism aside, than to any other Old Testament character, wrestling with God for His blessing and granted His presence by the wayside.

To wrong anyone is at the same time to sin against a holy God, yet being morally good is not the same as knowing Him, and you may wander like a lost sheep, sought more than seeking. Forgiveness of each other is one gift of the Bible to mankind, and its background is God's promise to forgive the contrite and reconcile them with Him. Trust in this promise gives you hope of deliverance from just accusation and punishment. These poems overflow with gratitude that Christ died for our sins, and with joy in His love. To their author such joy is incomparable; he toiled that others should come to know it for themselves, and thus that love should reign.

D. C.

A' Bhean-phòsta Chaimbeul mu 1980
Mrs Campbell *circa* 1980

Mar Chuimhneachan air an Urramach Murchadh Caimbeul nach Maireann, Ministear na h-Eaglaise Saoire an Ruigh Sholais

Tha mise feitheamh nis car ùine,
'S dùil agam gun tigeadh bàrd
A dhèanadh iomradh air do chliù dhuinn,
'S a chuireadh loinn air dhuibh na b' fheàrr.

Tha nis an tìde ruith gu luath oirnn,
'S mura seas sinn suas gun dàil,
Tha là bho latha dhuinn ag innse
Gur coigrich ann sinn mar bha càch.

Chaidh Maighstir Caimbeul a thoirt uainne:
Thug sin air an fhìon-lios beàrn;
An sìol a chuir e sìos le dùrachd,
Mar ùr-chrann bidh e tighinn fo bhlàth.

An teachdair' seo bha leinn cho ionmhainn,
A' cur ìmpidh oirnn gach là,
'S a' guidhe rinn às uchd nan nèamhan:
"Bithibh rèidh ri Dia nan gràs."

Ged nach cuir mi sìos gu coileant'
Iomradh air do chliù bha grinn,
'S e thu fhèin a dhèanadh bàrdachd,
'S cha bhiodh cearb oirr' bho do làimh.

Thàinig thu gu Partick Highland,
Bha sinn ann le beag de chùl:
Eaglais bheag 's an sluagh cho gann innt',
Ach 's e Dia bha air an stiùir.

Cha b' e àireamh sluaigh thug dhuinn thu,
'S cha b' e saidhbhreas bha nad rùn,
Ach sùil ri beannachadh an Tighearna:
Gheall E sin le dithis no triùir.

Dhearbh thu sin dhuinn leis na briathran
Sa chiad searmon rinn thu ann:
Nach robh dùil agad cur eòlas
Ach air Crìosd bha air a' Chrann.

'S e bhith truacant' agus càirdeil
Gràsan a bha fàs riut suas;
'S ann le caomhalachd is eòlas
Bha thu treòrachadh an t-sluaigh.

Mhiannaich mi a bhith den àireamh
Bha dol an taobh a-muigh den champ,
Ach thàinig teachdaireachd bhon Nàmhaid
Nach b' e mo sheòrsa bhiodh dol ann.

Mhisnich thu mi tren an eòlas
Bha agad air a dhòighean meallt';
Bhuair e Crìosd a-muigh san fhàsach:
"Faic: gach àit' an sin is leams'."

Fhuair thu eaglais dhuinn le dìcheall
'S le bith-ùrnaigh a' dol suas;
Na dìobaraich, cha dèan E 'm fàgail,
Thug E gràdh dhaibh nach gabh luaidh.

Bha thu dòigheil measg nan càirdean,
'S aonachd ghràsmhor measg an t-sluaigh;
Ann an seo rinn thusa fàrdach
Gus na bhris do shlàinte suas.

Stiùir E Fhèin thu gu Resolis,
Far nach robh an là cho trang;
'S nuair nach biodh tu anns a' chùbainn,
Bha 'm peann gu siùbhlach dol nad làimh.

Sgrìobh thu leabhraichean ion-mhiannaicht'
Bhios rin iarraidh leis gach linn,
'S ged a ghairmeadh thusa dhachaigh,
Tha thu fhathast a' labhairt rinn.

Chùm thu cuimhneachadh na h-àithne:
"Ge b' e nì a gheibh do làmh,
dèan-sa seo led uile dhìcheall –
chan eil innleachd anns a' bhàs."

Tre anfhainneachd gun sguir thu sgrìobhadh,
'S chuir thu sìos rid thaobh am peann;
'N sin thuirt E: "Bu mhath do sheirbheis:
Tha crùn na foirfeachd feitheamh thall."

Shearmonaich thu dhuinn car ùine,
Sgaoil thu chliù bho dheas gu tuath,
'S chì thu nis E mar a tha E,
'S cha tèid do ghàirdeachas thoirt uat.

Sgaoil bho chèil' a-nis am pàillean;
Ruith thu 'n rèis gach ceum gu ceann;
Thug E steach thu leis do 'shuaimhneas
A mhealtainn fois is glòir nan naomh.

Nach sona nis a bhios gu bràth thu,
Le Fear do Ghràidh mar thuirt thu rinn:
Gum faiceadh sinn E na àilleachd
Anns an àit' far nach bi oidhch'.

Ailios NicLeòid

A' Bhean-phòsta Ailios NicLeòid
Mrs Alice MacLeod

In Memoriam the Late Reverend Murdoch Campbell, Minister of the Free Church in Resolis

I have now been waiting for some time, expecting that a poet would come forward to extol your fame for us, and produce a more polished work than mine.

Time is now swiftly passing, and unless we stand up without delay, day after day reminds us that we are strangers here as others were.

Mr Campbell has been taken from us, and that has left an empty gap in the vineyard. The seed that he earnestly sowed will blossom like a young tree.

This preacher who was so greatly loved by us, imploring us each day and pleading with us on behalf of Heaven: "Be reconciled to the God of grace."

Though I cannot fully express your resplendent fame, you yourself were able to compose poetry, and it would come unblemished from your hand.

You came to Partick Highland, and we were there with few resources – a small church and not many people – but God was at the helm.

It was not the size of the congregation that brought you to us, and your heart was not set on material wealth. You looked for the blessing of the Lord, and he promised that to the two or three.

You proved that to us by your words in the first sermon you delivered: that you desired to know nothing but Christ and him crucified.

Compassion and friendliness were among the graces that grew within you. You guided the flock with kindliness and skill.

I was one of those who desired to go [and bear witness to Christ] outside the camp, but the Enemy told me that no person such as I could do that.

You encouraged me through the insight you had into his deceptive ways. He tempted Christ in the wilderness when he said: "See all these places – they're all mine!"

By diligence and constant prayer you acquired a church building for us. The Lord will not forsake his outcasts: he has loved them with a love that cannot be told.

You were content among the friends, and there was a gracious oneness among the people. Here you made your dwelling until your health gave way.

The Lord himself guided you to Resolis, where the work was less pressured, and when you were not in the pulpit, you grasped your fluent pen.

You wrote attractive books that all generations will value; and though you have been called home, you still speak to us.

You kept in mind the commandment: "Whatsoever thy hand findeth to do, do it with all thy might. There is no inventiveness in death."

In bodily weakness you stopped writing and laid aside your pen. Then the Lord said: "You have served me well, and the crown of perfection awaits you in Heaven."

For a time you preached for us and spread the Lord's fame from south to north. Now you will see him as he is, and you will never be deprived of your joy.

The earthly tent has now disintegrated; you have fully run the race to its end. The Lord has taken you into rest with himself, to enjoy the peace and glory of the saints.

How eternally happy you will be along with the One you love, just as you used to tell us: that we would see him in his beauty in the place where no night falls.

Alice MacLeod

Taing

B' e Iain MacDhòmhnaill a rinn an ciad phiobrachadh gus an cruinneachadh seo fhoillseachadh – mòran taing dhàsan airson a chuideachaidh leis an deasachadh agus airson na dàin Bheurla lem athair eadar-theangachadh. Taing chridheil do Choinneach Dòmhnallach airson eadar-theangachaidhean air a' chòrr, Beurla is Gàidhlig, agus airson 'Facal bhon Eadar-theangair'. Tha cùram aca le chèile do litreachas cràbhach sa Ghàidhlig agus dhan Ghàidhlig fhèin, agus tha mi gu mòr nan comain airson an ùine, an ealain is am foighidinn.

Taing bho mo chridhe do Evie Chaimbeul, mo bhean, airson comhairle, misneachaidh is foighidinn.

Chan urrainn dhomh a mheas cho mòr is a tha mi an comain m' athar 's mo mhàthar.

Mar a bha an obair a' dol air adhart, fhuaireadh beachdan feumail bho Raghnall Christie, Sèine NicEanraig, Uilleam E. Lyons, Anna NicSuain, Sandaidh Mitchell, Traugott Schulz agus Marsail Walker. Tha mar a chleachdadh am molaidhean an urra riumsa a-mhàin.

Taing shònraichte do Ruaraidh Prescott airson obair- dhealbh ealanta.

Tha an dealbh de *Eaglais Shaor is Mansa Ruigh Sholais* le Dòmhnall M. Shearer air fhoillseachadh air a' chòmhdach-aghaidh le cead còir an dealbhadair. Tha an dealbh le Seumas Kay de *Uamh an Arainn* air fhoillseachadh air a' chòmhdach-cùil le cead nan oighreachan aige.

Taing dhan Bh. Màiri NicLeòid airson an deilbh dhen Bh. Ailios NicLeòid agus do Nick Zangwill airson an deilbh dhìom fhìn. Tha an dealbh de Chalum Moireasdan is de Mhàiri Beileag Mhoireasdan a' nochdadh le cead còir bho ogha (is a mac-se), Calum Dòmhnallach Runrig, a tha air ainmeachadh air. Fhuaireadh an dealbh de Shrath Pheofhair mar thiodhlac fialaidh on Dr Sìne NicGhillFhinnein nach maireann.

D. C.

Acknowledgements

All credit to Ian MacDonald for suggesting this collection, and profuse thanks for his part in editing, and for translating my father's three English poems. Abundant thanks to Kenneth MacDonald for the rest of the translating, both into and from Gaelic, and for "A Word from the Translator". They care about Gaelic religious literature and the Gaelic language, and I am immensely grateful for their time, skill, and forbearance.

Heartfelt thanks to my wife Evie for her comments, encouragement, and patience.

I can't begin to measure my debt of gratitude to my parents.

For comments on an early draft, thanks to Ronald Christie, Jane Henderson, William E. Lyons, Annie Macsween, Alexander Mitchell, Traugott Schulz and Marshall Walker. Responsibility for use made of their suggestions is mine alone.

Special thanks to Derek Prescott for skilled photographic work.

The painting *Resolis Free Church and Manse* by Donald M. Shearer is reproduced on the front cover with his kind permission, and the painting *Arran Cave* by James Kay on the back cover © his estate.

Thanks to Mrs Mary MacLeod for the photograph of Mrs Alice MacLeod and to Nick Zangwill for mine. The photograph of Malcolm (or Calum) and Marybell Morrison is reproduced with the kind permission of his grandson (and her son) Calum Macdonald (of Runrig), who is named after him. The photograph of Strathpeffer is a generous gift from the late Dr Jean MacLennan.

D. C.

www.ingramcontent.com/pod-product-compliance
Lightning Source LLC
Chambersburg PA
CBHW070615170426
43200CB00012B/2695